MORCOTE ⭐6

Das Dorf am Luganer See scheint einem Traum vom Tessin entsprungen: Über steilen Gässchen und Treppchen thront der Campanile von Santa Maria del Sasso (Foto).

📷 *Tipp: Die beste Totale vom Dorf gelingt vom Wasser aus. Unbedingt schon bei der Anfahrt mit dem Schiff abdrücken.*

➤ S. 113, Tessin

CHAPLIN'S WORLD ⭐

Einmal in den Stummfilmklassikern des coolsten Melonenträgers der Welt mitspielen: Das kannst du nur hier!

📷 *Tipp: Die ganze Anlage ist eine einzige Selfie- und Videokulisse, auf genug Akku und Speicher achten!*

➤ S. 120, Schweizer Riviera & Wallis

GORNERGRAT ⭐8

Der allerbeste Blick aufs Matterhorn liegt auf 3135 m – eine Zahnradbahn bringt dich hin.

➤ S. 124, Schweizer Riviera & Wallis

ALETSCHGLETSCHER ⭐9

23 km lang, bis zu 900 m dick – obwohl die Klimakrise ihm zusetzt, ist der Aletsch immer noch eine Wucht von einem Gletscher.

➤ S. 126, Schweizer Riviera & Wallis

CREUX DU VAN ⭐10

Die Antwort der Schweizer auf den Grand Canyon: 160 m in die Tiefe fällt diese Felsarena im Juragebirge.

➤ S. 141, Genf & Westschweiz

INHALT

36   **DIE REGIONEN IM ÜBERBLICK**

38 NORD- & OSTSCHWEIZ

Basel	42
Rund um Basel	48
Zürich	48
Rund um Zürich	55
St. Gallen	57
Rund um St. Gallen	58

60   BERN & INNERSCHWEIZ

Bern	64
Rund um Bern	70
Berner Oberland	71
Luzern	76
Rund um Luzern	81

86   GRAUBÜNDEN

Chur	90
Rund um Chur	92
Engadin	96

102   TESSIN

Bellinzona	106
Rund um Bellinzona	107
Locarno	107
Rund um Locarno	109
Lugano	110
Rund um Lugano	112

114   SCHWEIZER RIVIERA & WALLIS

Montreux	118
Rund um Montreux	119
Zermatt	123
Rund um Zermatt	125

128   GENF & WESTSCHWEIZ

Genève/Genf	132
Lausanne	137
Rund um Lausanne	138
Jura	140

MARCO POLO TOP-HIGHLIGHTS

2 Die 10 besten Highlights

DAS BESTE ZUERST

8 ... bei Regen
9 ... Low-Budget
10 ... mit Kindern
11 ... typisch

SO TICKT DIE SCHWEIZ

14 Entdecke die Schweiz
17 Auf einen Blick
18 Die Schweiz verstehen
21 Klischeekiste

ESSEN, SHOPPEN, SPORT

26 Essen & Trinken
30 Shoppen & Stöbern
32 Sport

MARCO POLO REGIONEN

36 ... im Überblick

ERLEBNISTOUREN

144 Wanderung entlang der historischen Suonen
147 Mit dem Rad am Rhein entlang
151 Per Dampfer durch die Urschweiz

GUT ZU WISSEN

154 **DIE BASICS FÜR DEINEN URLAUB**
Ankommen, Weiterkommen, Im Urlaub, Feste & Events, Notfälle, Wettertabelle

162 **SPICKZETTEL ITALIENISCH**
Nie mehr sprachlos

164 **SPICKZETTEL FRANZÖSISCH**
Nie mehr sprachlos

166 **URLAUBSFEELING**
Bücher, Filme, Musik & Blogs

168 **TRAVEL PURSUIT**
Das MARCO POLO Urlaubsquiz

170 **REGISTER & IMPRESSUM**

⊙ Besuch planen
€–€€€ Preiskategorien
(*) Kostenpflichtige Telefonnummer

🍴 Essen/Trinken
👜 Shoppen
🍸 Ausgehen
🏖 Top-Strände

(📖 A2) Herausnehmbare Faltkarte
(📖 a2) Zusatzkarte auf der Faltkarte
(📖 0) Außerhalb des Faltkartenausschnitts

BESSER PLANEN MEHR ERLEBEN!

Digitale Extras
go.marcopolo.de/app/swz

DAS BESTE ZUERST

Ein Bild, als würde gleich Heidi um die Ecke spazieren: Emmental

BEST OF

BEI REGEN

SCHÖN, AUCH WENN ES REGNET

ANSTOSSEN MIT ALIENS

Der Schweizer Künstler *HR Giger* wurde weltberühmt, als er den Film „Alien" von Ridley Scott designte. Sein Museum und nahebei die Kneipe in *Gruyères* zeigen einen Querschnitt seines Schaffens.

➤ S. 138, Genf & Westschweiz

SHOPPEN IM REGEN

In den *Laubengängen der Berner Altstadt* kannst du auch bei Dauerregen gemütlich shoppen – 6 km überdachte Einkaufsmöglichkeiten, inklusive 14 Arkaden, stehen dir zur Verfügung.

➤ S. 65, Bern & Innerschweiz

AUF ZEITREISE GEHEN

Im *Zermatlantis* betrittst du Zermatt, wie es vor mehr als 150 Jahren war. Damals bezwang die Seilschaft um Edward Whymper als erste das Matterhorn. Und du? Erlebst jetzt die Abenteuer im Schatten des großen Gipfels.

➤ S. 123, Schweizer Riviera & Wallis

KUNST GUCKEN MIT SEEBLICK

Im hochmodernen *Lugano Arte e Cultura* kannst du Stunden verbringen: In der Dauer- oder einer der temporären Ausstellungen, wo du mit Seeblick testen kannst, ob es schon wieder aufklart. Nicht? Dann einfach im Café entspannt einen Espresso bestellen.

➤ S. 111, Tessin

TOPAKUSTIK GENIESSEN

Ein Konzert im *Kultur- und Kongresszentrum Luzern* (Foto) ist ein Erlebnis für alle Sinne: die Kanäle in der Vorhalle, der Blick auf den Vierwaldstätter See – und der Klang im modernsten Konzertsaal der Schweiz.

➤ S. 78, Bern & Innerschweiz

BADEN WIE DIE RÖMER

Nach dreieinhalb Stunden römisch-irischem Bad in der *Bogn Engiadina* in Scuol schwebst du trotz Regen auf Wolke sieben.

➤ S. 100, Graubünden

BEST OF

LOW-BUDGET

FÜR DEN KLEINEN GELDBEUTEL

EIN MINIMUSEUM BESTAUNEN

Mal sind es Babuschkas, mal Spielzeugautos, dann wieder allerlei Objekte rund ums stille Örtchen: Die wechselnden Ausstellungen sind so originell wie der Name des *Hoosesaggmuseums* in Basel – der Einblick ist frei.

➤ S. 42, Nord- & Ostschweiz

DEN KLIMAWANDEL ERFAHREN

Zwischen Zermatt und Matterhorn führt dich ein Themenweg bis zum Gornergletscher, der die Auswirkungen der Klimakrise hautnah erklärt. Am Weg liegt auch der *Gletschergarten Dossen* mit seinen Granitkesseln.

➤ S. 124, Schweizer Riviera & Wallis

DURCH DIE STADT ROLLEN

Keine Lust zu laufen? Dann steig doch einfach aufs Rad – in *Zürich* kannst du dein Zweirad kostenlos mieten.

➤ S. 50, Nordschweiz

BÄREN BESUCHEN

Die Berner Wappentierfamilie Finn, Björk und Ursina in ihrem Freigehege im *Bärenpark* freut sich immer über Besuch. Und du dich darüber, dass du keinen Eintritt zahlen musst.

➤ S. 66, Bern & Innerschweiz

IN DIE ZUKUNFT SCHAUEN

Im Teilchenforschungszentrum CERN bei Genf wurde schon das World Wide Web erfunden, ständig kommen neue Entdeckungen hinzu. Welche? In der Multimedia-Ausstellung im *CERN-Globe* erfährst du es für lau (Foto).

➤ S. 135, Genf & Westschweiz

MINERALWASSER SATT TRINKEN

Das Engadin hat einige der gesündesten Mineralquellen der Schweiz – und aus allen darfst du umsonst trinken, sei es an den Brunnen in Scuol oder direkt an einer der 14 Heilquellen, die am *Mineralwasserwanderweg* liegen.

➤ S. 100, Graubünden

BEST OF

MIT KINDERN

SPANNENDES FÜR GROSS & KLEIN

BERNHARDINER STREICHELN

Achtung, niedlich: Die Bernhardiner-welpen im *Barryland* in Martigny verdrehen selbst Katzenliebhabern den Kopf, so süß sind sie. Und auch die großen Bernhardiner faszinieren Kinder wie Eltern. Ach so, und dann ist da ja noch das Museum, das rund um die Hunde herum gebaut wurde: Das erzählt die spannende Geschichte dieser Hunderasse.

➤ S. 123, Schweizer Riviera & Wallis

ZUM DÜSENTRIEB WERDEN

Wie man Erfinder wird? Das findest du in der *Espace des Inventions* in Lausanne heraus. Da kannst du Erfindungen ansehen, einem Roboter die Hand schütteln und vor allem: selber ausprobieren. Genial!

➤ S. 137, Genf & Westschweiz

VERRÜCKTE MASCHINEN

Klingeling, ratatatatat, klackerklacker, so geht das pausenlos bei den bunten und verworrenen Maschinen des Künstlers Jean Tinguely, die im Basler *Tinguely-Museum* ausgestellt sind. Eins ist bei allen gleich: Einen Sinn haben sie nicht.

➤ S. 44, Nord- & Ostschweiz

BUNT WIE KLEE MALEN

Farbe, Pinsel, Papier – und los gehts. Schon Vierjährige können im *Kindermuseum Creaviva* Vorbild Paul Klee nacheifern und in speziellen Ateliers Kunst machen. Auch die interaktive Ausstellung ist für Kinder konzipiert.

➤ S. 68, Bern & Innerschweiz

BROT BACKEN, KÖRBE FLECHTEN

Im *Freilichtmuseum der Schweiz* auf dem *Ballenberg* lernst du Köhler und Schmiedinnen, Korbmacher und Töpferinnen in ihren traditionellen Werkstätten kennen – und darfst hier und dort auch mit anpacken und fast vergessene Berufe erleben (Foto).

➤ S. 75, Bern & Innerschweiz

BEST OF
TYPISCH

DAS ERLEBST DU NUR HIER

TICKTACK MACHT DIE UHR

Die Zeit haben die Schweizer vielleicht nicht erfunden, aber die Pünktlichkeit vermutlich schon – und gleich die passenden Messgeräte dazu! Das *Musée International d'Horlogerie* in der Uhrenstadt La Chaux-de-Fonds zeigt sie alle und erklärt dir auf spannende Weise, wie eine der wichtigsten Industrien der Schweiz tickt.

➤ S. 143, Genf & Westschweiz

IM URIGEN RHEIN-CANYON

10 000 Jahre lang hat sich der Rhein durch den größten Bergsturz in der Geschichte der Alpen gefressen. Die Rheinschlucht *Ruinaulta* mit ihren hohen Felswänden kannst du erwandern oder auf dem Fluss per Rafting erkunden.

➤ S. 95, Graubünden

AUF DER JUNGFRAU

3454 m hoch liegt der höchste Bahnhof Europas. Der Zug fährt mitten durch die legendäre – und berüchtigte – *Eiger-Nordwand*. Einmal oben, siehst du das Berner Oberland in seiner ganzen Pracht (Foto).

➤ S. 74, Bern & Innerschweiz

DÖRFER WIE FREILICHTMUSEEN

Vom Bodensee-Fachwerkstädtchen *Stein am Rhein* mit seinen bunt bemalten Fassaden bis zum steil in den Berg über dem Luganer See gebauten Tessiner Dorftraum *Morcote:* Welches wird dein persönlicher Favorit?

➤ S. 56, Nord- & Ostschweiz, S. 113, Tessin

SCHOKOLADE BIS ZUM ABWINKEN

So süß schmeckt nur die Schweiz: Wie man die beliebte „Schoggi" selber macht – und noch jede Menge mehr – erfährst du in der *Maison Cailler* in Broc bei Gruyères. Und natürlich darfst du naschen, naschen, naschen!

➤ S. 139, Genf & Westschweiz

SO TICKT DIE SCHWEIZ

Ja, am Schilthorn sind Wanderstiefel die bessere Wahl

ENTDECKE DIE SCHWEIZ

Im Sommer blüht der Blaue Eisenhut auf den Wiesen im Nationalpark Schweiz

Die Schweiz klingt. Klong, klong, klong. Das Schellen der kupfernen Kuhglocken scheint vom Himmel zu kommen, der in der frühen Morgensonne leuchtet. Am Abend sollen die mächtigen Tiere auf der Alm ankommen, hoch oben über dem Dorf. Seit Hunderten von Jahren wird der Almauftrieb so gefeiert. Das Dorf, der Himmel, die Berge, die Alm, die Tradition: Das ist die Schweiz.

DER KLANG DER SCHWEIZ

Klong. Erst klingelt es leise, dann immer lauter und schneller. Klongklongklong. Die Maschine des Schweizer Künstlers Jean Tinguely spuckt Töne aus, unaufhörlich. Klongklong. Die Glocken der Wallfahrtskirche Madonna del Sasso über Locarno schlagen zur Mittagsstunde so laut, dass man sie bis zum See hin hört.

450 v. Chr.
Der keltische Stamm der Helvetier wandert in die Region ein

1291
Mythischer „Rütli-Schwur" der drei Urkantone Uri, Schwyz und Unterwalden

ab 1519
Die Reformatoren Zwingli und Calvin spalten das Land

1798
Napoleon eint die Schweizer und ordnet das Land neu

1803
Mediationsakte: Die Schweiz wird wieder eigenständig

1815
Die Schweiz verpflichtet sich zur Neutralität

Klongklong. Der Ton, mit dem der Computer meldet, dass im 26,6 km langen Teilchenbeschleuniger unter Genf ein neuer Versuch begonnen hat. Klongklongklong. Die älteste Schweizer Uhr im Uhrenmuseum von La Chaux-de-Fonds im Jura. Kunst, Kirche, Uhren, Vielfalt und Innovation: Auch das ist die Schweiz. Die Schweiz klingt. Überall anders, überall ähnlich.

WILLENSNATION SCHWEIZ

Dabei ist die Schweiz vor allem eine gewagte Idee: „Einer für alle, alle für einen". So steht es im Wappen und das steckte hinter dem Schwur, den die drei Urkantone Uri, Schwyz und Unterwalden in ihrem Kampf gegen die mächtigen Habsburger leisteten. Am 1. August 1291 soll das gewesen sein. Historiker zweifeln daran, aber das hindert die Schweizer nicht, an diesem Datum bis heute den Nationalfeiertag mit Feuerwerk und Volksfesten zu feiern. Vieles hat sich verändert: Aus drei Kantonen sind 26 geworden, als letzter kam 1979 das Jura hinzu. Vieles ist gleich geblieben: Die Macht liegt bei den Bürgern, dann den Gemeinden, dann den Kantonen. Die Schweiz hat keinen Regierungschef, alle grundlegenden Entscheidungen trifft das Volk in Abstimmungen. Der Bund wird misstrauisch beäugt, Europa sowieso.

IN VIELFALT VEREINT

Eigentlich ist es kaum zu glauben, dass die Schweiz überhaupt existiert. Schließlich werden auf einer Fläche, kaum größer als Baden-Württemberg, vier Landessprachen gesprochen: Deutsch (in Schweizer Mundart, gesprochen von fast drei

1848 Gründung der modernen Schweiz

1863 Henry Dunant gründet in Genf das Rote Kreuz

1920 Gründung des Völkerbunds in Genf

1971 Wahl-/Stimmrecht für Frauen

2002 Die Schweiz tritt den UN bei

2016 Der 57 km lange Gotthard-Basistunnel wird eröffnet

2023 Eröffnung der neuen Pilatus-Zahnradbahn

Viertel der oft mehrsprachigen Schweizer), Französisch (knapp ein Viertel), Italienisch (gut sechs Prozent) und Rätoromanisch (knapp ein Prozent). Das Landesgebiet wird von Europas höchstem Gebirgszug, den Alpen, durchschnitten. Seen und reißende Flüsse tun ihr Übriges, um die 8,6 Mio. Einwohner des Landes voneinander zu trennen.

Die Schweiz hat zudem kaum natürliche Ressourcen, die Schweizer waren arme Bauern, Söldner, Gastarbeiter. Und was taten sie? Bauten (und bauen) Tunnel, Brücken und Passstraßen, setzten auf Dienstleistungen wie die Bankenbranche und geniale Erfindungen wie den Klettverschluss, die Quarzuhr oder das künstliche Hüftgelenk. Die Schweizer erfanden die Neutralitätspolitik und den Minderheitenschutz und überbrückten Sprachbarrieren im Zweifel salomonisch mit Latein: Confoederatio Helvetica, CH, steht auf den Kennzeichen der Schweizer Autos. Und wenn wieder einmal Roger Federer einen Grand Slam gewinnt oder die Nati, wie die Fußballnationalmannschaft liebevoll genannt wird, aufläuft, dann schwenken alle Schweizer die vielleicht berühmteste Fahne der Welt und jubeln wie aus einer Kehle: Schweiz, Suisse, Svizzera, Svizra!

MEHR HOCH ALS BREIT

Die Schweiz ist klein und doch groß: Schon ein paar Kilometer weiter kann es ganz anders aussehen als da, wo man gerade ist. Die Schweiz in ein paar Stunden zu durchqueren ist kein Problem. Die Schweiz über Jahre kennenzulernen und immer noch Neues zu entdecken, ebenso wenig. Deshalb: Nimm dir Zeit, auch mal eine Nacht länger als geplant – es lohnt sich immer. Wandere ein Stück, nimm den Postbus oder einen Bummelzug. Die Landschaft ist eine der schönsten Europas. Natürlich die Berge: 3350 von ihnen sind höher als 2000 m. Die Dufourspitze ist mit 4634 m der höchste von ihnen, das Matterhorn (4478 m) mit seiner unverwechselbaren Form der berühmteste. Zu Füßen der Berge, zwischen Jurabogen und Alpen, leben die meisten Schweizer in den großen Städten entlang der Flüsse Rhein, Rhône, Aare oder Reuss. Längst haben die Siedlungsräume Stadtgrenzen überschritten, haben sich die „Agglo" genannten Wohnstädte auf der ehemals grünen Wiese ausgebreitet.

EIN LAND ZUM VERLIEBEN

Die größte Stadt der Schweiz ist Zürich mit knapp 400 000 Einwohnern, gefolgt von Genf, Basel, Lausanne und Bern. In Lugano, der größten Stadt im Tessin, leben knapp 70 000 Menschen. Und wer braucht schon einen Meereszugang, wenn der Lago Maggiore oder der Luganer See, aber auch der mit seinen 580 km² größte See der Schweiz, der Genfer See, mediterranes Feeling versprühen? 1500 Seen hat die Schweiz und in mindestens einen von ihnen musst du im Urlaub mal reinspringen – sonst hast du was verpasst. Und vielleicht verlierst auch du dein Herz irgendwo zwischen Bergen und Seen, Städten und Weilern, Natur und Kultur. Hör genau hin, wenn das passiert – es macht laut und vernehmlich „Klong".

AUF EINEN BLICK

8,6 Mio.
Einwohner

jeder Vierte von ihnen
ohne Schweizer Pass

180.000 t

Käse produziert die Schweiz im
Jahr, zwei Drittel davon für den
eigenen Verbrauch

217 km^2
**Neuenburger See (größter See,
der komplett in der Schweiz liegt)**

Müritz: 113 km^2

41.285 km^2
Fläche

Niedersachsen: 47.614 km^2

**HÖCHSTER BERG:
DUFOURSPITZE**

4634 m

Zugspitze: 2962 m

KÄLTESTER TAG

12.1.1987

-42,5°

**WM-MEDAILLEN IM
ALPINEN SKISPORT**
1931–2018

195

Deutschland: 114
Österreich: 294

12 UNESCO-WELTERBESTÄTTEN

u. a. die Weinberge von Lavaux, die Rhätische Bahn, die Burgen von
Bellinzona, 17 Bauten von Le Corbusier und La Chaux-de-Fonds

5000

Bahnhofsuhren sorgen dafür, dass fast
jeder Zug sekundengenau abfährt

KLEINSTE GEMEINDE
Corippo im Tessin
mit 12 Einwohnern

**LÄNGSTER BAHNTUNNEL
DER WELT**
Gotthard-Basistunnel: 57 km

DIE SCHWEIZ VERSTEHEN

AGGLO

Was für ein toller Blick auf den Berg, aber wer hat das hässliche Hochhaus davorgestellt? Diese Fachwerkhäuschen sind niedlich, aber was ist mit den Wohntürmen, die dahinter hervorragen? Und die Autobahn auf Betonstelzen über dem romantischen Badesee? Die Liste ließe sich endlos fortsetzen. Die Schweiz ist voller Schönheiten – vor allem im flachen Mittelland aber, wo sie dicht besiedelt ist, nicht ohne Schandflecken. Wobei das auf die Perspektive ankommt. Die meisten Schweizer leben irgendwo in der Agglo, schweizerisch für „Agglomeration", also den verdichteten Wohnvierteln samt Zufahrtsstraßen auf früher grünen Wiesen. Zwei Zürcher Journalisten fuhren für ihr Buch „Daheim" durch die Schweizer Agglos – und trafen vor allem Fans. Denn wo dicht gebaut wird, da gibt es noch ein bisschen grüne Wiese fürs Joggen und die Naherholung – und vor allem den Blick in die weiter entfernte Natur. Merke: Von drinnen sieht es schöner aus als von draußen. Der frühere Bürgermeister einer wirklich brüllend hässlichen Schlafstadt, befragt, was er ändern würde, wenn er könnte, sagte nur: Ich würde die Müllverbrennungsanlage vergrößern. Ob man sie mag oder nicht, die Agglo ist zweifellos fester Bestandteil der Schweiz.

BEAT

Das hat nichts mit den Pilzköpfen aus Liverpool zu tun, sondern ist ein Männervorname (gesprochen in zwei Silben: Be-at), ebenso wie Reto, Urs, Ueli (sprich U-eli) oder Ruedi (genau, Ru-edi) – allesamt jenseits der Grenze nahezu unbekannt. Das Gleiche gilt für Regula, Vreneli oder Anneli. Du wirst schnell das Gefühl haben, dass jeder zweite Schweizer einen dieser Urschweizer Vornamen trägt, auch wenn Deutschschweizer ihre Kinder zuletzt gerne Mia, Emma, Noah oder Leon nannten. Das sind Namen, die auch die deutschen Hitlisten anführen. Anke hingegen heißt auf Schweizerdeutsch Butter. Der Name wird entsprechend selten vergeben.

BELLE ÉPOQUE

Belle Époque, schöne Epoche, so bezeichnet man die etwa 30 Jahre vor dem Ersten Weltkrieg, als es den Menschen richtig gut ging: Es herrschte Frieden, Wohlstand (für immer mehr Menschen) und wer es sich leisten konnte, der reiste in möglichst edlen Zügen in die Schweiz, die der Brite Thomas Cook zu einer der ersten Urlaubsdestinationen überhaupt machte. Vorher hatte es so etwas nicht gegeben, einfach zum Spaß zu verreisen – dafür machte Reisen auch zu wenig Spaß. Das war jetzt anders: Im ledernen Schrankkoffer hatten die Besucher Zylinder, Sonnenschirmchen, Abendkleid dabei; entsprechend waren die Hotels kleine (oder auch nicht so kleine) Paläste mit allen Schikanen. Menschen kletterten Berge hinauf, rasten auf Holzbrettern wieder hinunter und promenierten an Seen und anderen Sehenswürdigkeiten entlang. Bergbahnen entstanden, aus Bauern wurden Butler. Und heute? Heute ist die Belle Époque ein Synonym für Luxus in jeder Hinsicht. So zu reisen wie vor 100 Jahren, das bedeutet eben auch: sich wieder auf das Wesentliche zu konzentrieren, das Hier und Jetzt. Handy aus und einfach genießen.

CHARLOT

Charlot wird Charlie Chaplin in der französischen Schweiz genannt. Ein Spitzname, den der ursprünglich britische Schauspieler mit Stolz trug, obwohl er eigentlich gar nicht in die Schweiz ziehen wollte. Aber er musste: In den USA, wo er berühmt wurde, wurde Chaplin in den 1950er-Jahren als angeblicher Kommunist verfolgt, dem „Komitee für unamerikanische Umtriebe" war vor allem sein Film „Moderne Zeiten" unheimlich. Während einer Europareise teilte man ihm mit, er müsse sich im Fall einer Rückreise als Einwanderer bewerben, Ausgang ungewiss. Das wollte der damals 63-Jährige nicht und zog stattdessen an den Genfer See. In Corsier-sur-Vevey wurde er mit den Jahren heimisch: Er nahm an Weinfesten teil, besuchte die Elternabende in der örtlichen Schule (acht Kinder lebten mit ihm im Manoir de Ban!) und dachte nicht daran, in die USA zurückzuziehen. Nur Französisch lernte er nicht mehr. Mit 88 Jahren starb Chaplin in seinem Haus. Skrupellose Diebe stahlen später seinen Leichnam vom örtlichen Friedhof, wollten 600 000 Franken erpressen – und wurden gefasst. Heute liegt Charlot wieder dort, wo er einst begraben wurde, neben seiner letzten Frau. Das Grab ließ die Gemeinde zubetonieren: Sicher ist sicher.

Reminiszenz an einen berühmten Bürger: Charlie-Chaplin-Statue in Vevey

DER BÖÖGG

Er lächelt freundlich mit seinem Schneemanngesicht, jemand hat ihm einen Besen gebastelt und ein buntes Halstuch umgehängt. Und doch wartet die Menge nur auf eins: Dass der Böögg steht. Gefüllt ist der mit Holzwolle und Knallkörpern, damit es richtig rummst. Wenn der Böögg früh den Löffel abgibt, so will es die Tradition, dann gibt es einen schönen Sommer. Dauert es lang – 2016 waren es 43 Minuten, ein Rekord –, dann wird der Sommer schlecht. Das Schweizer Bundesamt für Meteorologie witterte da wohl Konkurrenz und ließ vorsorglich untersuchen, ob die Böögg-Prognosen wirklich stimmen. Natürlich nicht. Oder war das etwa eine Gefälligkeitsstudie? Übrigens: Plätze auf dem Sechseläutenplatz sind begehrt wie ein Sechser im Lotto – besser: schon ab 15 Uhr ins Zentrum kommen, dann kannst du am Straßenrand den bunten Zug der Zünfte bestaunen und zünftig mitfeiern (Zugweg unter *sechselaeuten.ch*).

INSIDER-TIPP
Besser früher feiern!

Gleich geht er hoch! Die letzten Sekunden des Böögg beim Sechseläuten

Kopf endlich explodiert. Bumm, rums, kaputt, du hast richtig gehört. So brutal ist der Brauch, den die Zürcher jedes Jahr am ersten Montag nach dem 16. April auf dem Sechseläutenplatz austragen. Erst marschieren die 26 Zünfte der Stadt auf, mit Prunk und Musik wie anderswo im Karneval, nur dass es hier Sechseläuten heißt. Und dann, Punkt 18 Uhr, wird der Scheiterhaufen angezündet, auf dem der

HEIDI

„Dunkle Tannen, grüne Wiesen im Sonnenschein brauchst du zum Glücklichsein" – denkst du bei Heidi auch erst einmal an die japanische Anime-serie aus den 1970ern mit dem ohrwürmenden Titelsong, geträllert von Gitti und Erika? Bis heute gehören die Japaner deshalb zu den größten Fans des wilden Mädchens von der Alm. In der Schweiz dagegen liest jedes Kind noch die Originalbücher von Johanna Spyri, „Heidis Lehr- und Wanderjahre" und „Heidi kann brauchen, was es gelernt hat". Das liegt auch daran, dass das Waisenmädchen so vieles verkörpert, was den Schweizern lieb und teuer ist: unbändiger Freiheitsdrang, Eigensinn, Naturverbundenheit. Kommerz gehört sicher auch dazu, obwohl Johanna Spyri nichts dafür kann. Eine ganze Ferienregion ist nach der berühmtesten Schweizerin benannt, eine Linie mit Milchprodukten, mehrere Filme und jede Menge Kitsch sowieso. Doch im Kern bleibt Heidi eine zeitlose Geschichte, die uns bis heute anrührt. Vielleicht willst du auch mal ins Originalbuch schauen?

IDIOTIKON

Idiotikon ist der Fachterminus aus dem Altgriechischen für ein Mundartwörterbuch. Und so heißt auch das offizielle Lexikon des Schweizerdeutschen, das eben keine Sprache, sondern ein Dialekt ist. Damit auch die nächste Generation ein *Chrüsimüsi* veranstaltet oder *Güggeli* knuspert, halten Sprachforscher die Dialektworte fest – seit mehr als 150 Jahren! 130 000 Wörter sind dabei zusammengekommen. Je mehr es sind, desto langsamer arbeiten die Forscher, vielleicht drückt sie die Angst vor der Arbeitslosigkeit. Jedenfalls laboriert man aktuell an den „Lockrufen für Katzen, Kälber, Ziegen oder Schweine mit Z". Kein Wunder, dass das Idiotikon selbst der Schweizer Bevölkerung weithin unbekannt ist. Der Dialekt selber steht dagegen hoch im Kurs. Dass zugewanderte deutsche Kindergärtner oder Ärzte nicht die korrekte Mundart sprechen, sorgt stets für Aufregung. Für die gibt es deshalb immer mehr Mundartkurse in den Volkshochschulen. Was *Chrüsimüsi* und *Güggeli* sind? Steht im Idiotikon – und hier: Kuddelmuddel und Brathahn. *En Guete!*

KLISCHEE KISTE

LIEBER LANGSAM

Es stimmt: Schweizer leben ihr Leben mit mehr Ruhe und dem, was vor allem Deutsche als Langsamkeit verspotten. Morgens nicht erst nach dem Befinden der Bäckerin fragen? Sehr unhöflich! Selbst Kabarettistinnen wie Hazel Brugger kommen langsamer zur Pointe. Da hilft nur: Genießen, schließlich ist Urlaub! Und dass man langsam besser zum Ziel kommt, das beweist nicht zuletzt die Schweizer Bahn. Pünktlichkeit nahe 100 Prozent!

TEUER, ABER PREISWERT

Wer zum ersten Mal einen Schweizer Supermarkt betritt, sollte Riechsalz in den Einkaufswagen legen: Ja, die Schweiz ist so teuer, wie alle sagen! Dass das Leben in ihrem Land seinen Preis hat, wissen auch die Schweizer. Allerdings sind sie überzeugt, dass das meiste seinen Preis auch wert ist. Und bei vielem, etwa bei der Qualität der Lebensmittel, stimmt das sogar. Also Augen zu und durch.

DIE REDEN SO KOMISCH

Die Schweizer Mundart ist tatsächlich für viele Urlauber schwer zu verstehen, so wie Bayerisch für Nichtbayern auch. Einfach freundlich fragen, ob dein Gegenüber „Schriftsprache" mit dir spricht – dann klappts auch mit dem Nachbarn.

RÖSTIGRABEN

„Ich komme aus Genf", sage ich der freundlichen Angestellten der St. Galler Touristeninformation. „Ach, Genf", antwortet sie träumerisch, „da bin ich auch noch nicht gewesen." Und da ist sie nicht die einzige, obwohl beide Städte nur vier Stunden Zugfahrt auseinanderliegen. Doch Deutschschweiz und Romandie trennt ein tiefer Graben – der Röstigraben. Auf der einen Seite isst man die knusprigen Kartoffelfladen, auf der anderen (in der „welschen" Schweiz, wie es in der Deutschschweiz heißt) nicht. Dabei dürfte der Röstikonsum noch das kleinste Problem sein. Einer von vier St. Gallern war, wie die nette junge Dame, noch nie „drüben". Auch jeder vierte Bündner hat es nie in die Westschweiz geschafft, jeder fünfte Genfer nie in die Deutschschweiz. Nur das Tessin interessiert die französischsprachigen Schweizer (die Romands) noch weniger, nur jeder zweite war schon mal da. Zu Hause ist es schließlich am schönsten.

Außer der Sprache trennt auch die Mentalität: 63 Prozent der Westschweizer finden einer Umfrage zufolge, die Deutschschweizer nähmen keine Rücksicht auf sie. Ganz falsch, sagen 60 Prozent der Deutschschweizer: Sie glauben, genug oder sogar viel zu viel Rücksicht auf die Minderheit (etwa ein Fünftel der Bevölkerung) zu nehmen. Dass die Westschweiz politisch eher links, die Deutschschweiz bürgerlich bis rechts steht, macht den Graben noch mal breiter. Ausnahme: Die Nationalmannschaft spielt. Dann schwenken Genfer und St. Galler die Fähnchen gemeinsam.

SCHWINGEN

Obwohl ein Hosenlupf dazugehört, ist es nicht das, was du vielleicht denkst! Schwingen ist die Schweizer Art des Ringkampfs, bei dem die beiden muskulös-massigen Schwinger versuchen, ihren Gegner durch das Ziehen an der Hose (das Lupfen) zu Fall zu bringen. Wer zuerst rücklings in der mit Sägemehl ausgepolsterten Arena landet, hat verloren. Der jahrhundertealte Schweizer Nationalsport hat auch viele junge Fans. Die besten Schwinger werden „Böse" genannt, haben große Fangemeinden und wünschen sich nichts sehnlicher, als beim Eidgenössischen Schwing- und Älplerfest (das nächste ist 2025) zum Schwingerkönig gekürt zu werden. Zur Belohnung gibts außer dem traditionellen Muni (einem Jungstier) viele lukrative Werbeverträge. Schwingerinnen gibt es übrigens auch, seit 1983 werden Schwingerköniginnen gekrönt.

URCHIG

Vor der Alphütte sitzen, die Kühe von der Alm treiben, jodeln, Alphorn blasen oder vor johlendem Publikum schwingen (siehe dort): Das alles bezeichnet der Schweizer als urchig. Das hochdeutsche „bodenständig" trifft es nur fast, es gehören auch noch ein Schuss Gemütlichkeit und Patriotismus hinzu. Inzwischen hat die junge Generation die Urchigkeit wiederentdeckt. „NüüUrchig", neu-urchig, nennt sich etwa das Quartett um den Schwyzerörgeli-Spieler (Akkordeonist) Sa-

Lustig anzuschauen, aber mit großem Ernst betrieben: der Nationalsport Schwingen

muel Rohrer, das Schweizer Volksmusik erfolgreich ins 21. Jh. transformiert.

VOLKSABSTIMMUNG

Achtung, das hier ist ein Test: Bist du dafür, 50 Prozent mehr Ferientage zu haben als bisher? Dafür, dass der Staat dir ohne Wenn und Aber jährlich 30 000 Franken überweist? Oder für die 40-Stunden-Woche, was in der Schweiz weniger Arbeitszeit bedeutet? Wenn du auf alle drei Fragen mit Nein geantwortet hast, dann bist du ein Schweizer. Alle drei Vorschläge wurden in Volksabstimmungen mit großer Mehrheit abgelehnt. Warum tun die Schweizer so was? Verantwortungsbewusstsein, sagen die einen. Angst vor Veränderung, die anderen. Fest steht: Nirgends sonst auf der Welt haben Bürger so viel Einfluss auf das, was Politiker tun. Weswegen Schweizer Politiker oft nichts tun, bis das Volk etwas entscheidet. Und wenn sie doch vorher etwas tun, muss das Volk oft noch hinterher darüber abstimmen. Drei Mal im Jahr tun die Schweizer das, die Vorlagen müssen die Mehrheit der abgegebenen Stimmen (Volksmehr) bekommen, und auch die Mehrheit der Kantone muss zustimmen (Ständemehr). Mehr als einmal haben Abstimmungen die Schweiz international ins Abseits manövriert, beim Verbot von Minaretten etwa (es gab in der ganzen Schweiz gerade mal drei Stück) oder der scharfen Einwanderungsquote für EU-Bürger (kostete die Schweiz viele EU-Gelder und -Freunde). Die Politik versucht dann, die Scherben aufzufegen, bis zur nächsten Volksabstimmung. Übrigens: Wenn du über etwas abstimmen lassen willst, musst du Schweizer werden, die Unterschriften von 99 999 anderen sammeln – und los gehts.

ESSEN
SHOPPEN
SPORT

In den Terrassenrestaurants an der Reuss gibt sich Luzern ganz mediterran

ESSEN & TRINKEN

Frische Zutaten aus der Natur, zubereitet zünftig-rustikal oder edel-exquisit: Die Schweizer Köche machen das Beste aus Pflanze und Tier, inspiriert von regionalen Traditionen und den Nachbarländern.

KNACKIGE KARTOFFELN

Knackig, goldbraun und kein bisschen fettig: So müssen Rösti sein, die in den Beizen (so heißen Gasthäuser in der Deutschschweiz) serviert werden. Den Schweizer Klassiker gibt es nature, mit Ei, Speck und Käse überbacken oder als Beilage zu Zürcher Gschnetzeltem, dem berühmten Kalbsragout in Sahnesauce. Überhaupt, Kartoffeln: Für die einst armen und schuftenden Bauern war das die Grundnahrung. Wir kriegen heute die Luxusversionen serviert. Hauptsache, die Gerichte sind *währschaft*, also füllend. Die grob geschabten Knöpfli- oder Spätzlinudeln gehören dazu. Im

Tessin liegst du mit einem Risotto egal welcher Variation immer richtig, in Graubünden mit Capuns, Röllchen aus Spätzleteig, Trockenfleisch und Mangoldblättern in einer köstlichen Sauce. Älplermagronen aus Eiernudeln, Kartoffeln und Apfelschnitzen werden mit Sbrinz oder anderem Hartkäse überbacken. Gerade nach einer Bergwanderung hast du noch nie etwas so Himmlisches gegessen!

CHANZ VIEL CHÄS

Genau, Käse: Milch von Kühen und Ziegen war lange der einzige einheimische Rohstoff. Also war der Erfindungsreichtum bei der Verarbeitung grenzenlos. Da sind der Emmentaler, der löchrige Schweizer Käse schlechthin, der würzige Appenzeller oder der in feinen Löckchen abgeschabte Tête de Moine, dann der zart schmelzende Vacherin Fribourgeois, den du keinesfalls aufs Brot schmieren, sondern im

Am besten *moitié-moitié,* also halb-halb aus zwei Käsesorten: Käsefondue (li.)

Holzschächtelchen erwärmen und löffeln solltest. Und natürlich der Raclettekäse, der im Wallis so gegessen wird: Der Käselaib wird über einer Flamme erhitzt und – sobald er blubbernd geschmolzen ist und eine zarte Kruste zeigt – auf den Teller geschabt, auf dem eine Kartoffel mit eingelegten Gurken und Zwiebelchen wartet. Wenn du ihn einmal so gegessen hast, willst du nie wieder Pfännchen! Käsefondue schmeckt am besten gemischt aus dem aromatischen Greyerzer (Gruyère) und Vacherin (*moitié-moitié,* halb-halb). Vorher den Caquelon genannten Topf mit einer Knoblauchzehe einreiben und dann den Käse mit reichlich Weißwein und Kirschwasser erhitzen. Wenn's blubbert, das knusprige Weißbrot an langstieligen Gabeln in den Käse tauchen und vom Teller essen – dazu immer eine zweite, nicht die Fonduegabel benutzen! Übrigens: Kenner kratzen die Kruste vom Boden ab. In Genf wird der Käse frittiert: Malakoff brachten die Schweizer Söldner aus dem Krimkrieg mit in ihre Heimat. Sie schmecken großartig und machen äußerst satt, zwei sind schon eine Portion. Darauf stößt man am besten an: Gesundheitsapostel bestehen zwar auf Schwarztee, aber Weißwein und ein Glas Kirsch, Pflümli oder Grappa zur Verdauung schmecken einfach besser.

INSIDER-TIPP
Essen wie einst die Söldner

PROST SCHWEIZ!

Die Schweiz hat sich – im Ausland fast unbemerkt – zu einer Heimat echter Qualitätsweine gemausert. Junge Winzer keltern heute viele aufregende Weine aus den weißen Riesling-x-Silvaner-Trauben, den roten Blauburgunder-Trauben oder dem Gamay. Den ersten Wein des Jahres gibt es übrigens in Neuenburg (Neuchâtel):

Deftig und gehaltvoll: Älplermagronen

Den trüben *Non-Filtré* gibt es bereits ab Januar, ein spritzig-frischer Tropfen. Im Tessin greift man am besten zu Merlot-Weinen. Auch Biere gibt es überall in der Schweiz, oft von kleinen, regionalen Brauereien wie Calvinus in Genf oder der Appenzeller Brauerei. Geheimtipp: das besonders süffige Vollmondbier. Wein trinkt man in der Westschweiz in der Cave oder im Bistro. Im Tessin gibt es die Grotto genannten Tavernen, in denen oft auch draußen serviert wird. Die Stüblis in der Deutschschweiz haben sich oft auf ein Gericht spezialisiert, etwa Rösti, Fondue oder Raclette.

FLEISCHESLUST

Zum Bier passt immer eine Bratwurst, die in der Schweiz auch Cervelat genannt wird und von der es Dutzende Variationen gibt: Zu Recht berühmt ist der aus St. Gallen stammende Schüb-lig. In der Westschweiz solltest du grobe Wurst probieren, etwa die Saucisson vaudoise, am besten mit Lauch oder Kohl. Das wärmt! Wenn du dich nicht entscheiden kannst, probier am besten von allem etwas! Auf der Berner Platte liegen Gnagi (Haxe), Speck und Wurst, traditionell auch geräucherte Schweine- und Rinderzunge. In Graubünden und der Ostschweiz gehören Moschtbröckli, Trockenfleisch, zum frisch gebackenen Brot.

WAS SÜSSES ZUM DESSERT

In Basel führt nichts an Leckerli vorbei, einem Lebkuchen, den es in großen Tüten auch als Mitbringsel zu kaufen gibt. Die aus Mandelbaiser gebackenen Luxemburgerli oder Macarons schmelzen auf der Zunge. Engadiner Nusstorte besteht aus Mandeln, Wal- und Haselnüssen in einer Zuckermasse, umschlossen von feinem Teig. Ein kleines Stück, und du kannst nicht mehr papp sagen! Kirschen sucht man dagegen in der Zuger Kirschtorte vergebens: Stattdessen ist hochprozentiges Kirschwasser drin, was die Torte nicht weniger himmlisch macht.

SCHMAUSEN UND SPAREN

Qualität hat ihren Preis – das gilt in der Schweiz auch beim Essen. Günstig isst du am besten mittags, wenn es überall Menüs zum Sonderpreis gibt. Besonders günstig sind die Restaurants der großen Ladenketten Coop und Migros, die es überall im Land gibt. Dort bekommst du oft Schweizer Spezialitäten und immer ein reichhaltiges und bezahlbares Essen.

Unsere Empfehlung heute

Vorspeisen

SCHOPPA DA JOTTA
Bündner Gerstensuppe mit Speck

BÜNDNERFLEISCH
Gepökeltes und getrocknetes
Rindfleisch in hauchdünnen Scheiben

BASLER MEHLSUPPE
Fastnachtsgericht aus braun geröstetem
Mehl

Snacks

WÄHEN
Dünne, saftige Gemüse- oder
Obstkuchen

BIBERLI
Lebkuchen, gefüllt mit Mandel- oder
Haselnussmasse

RAMEQUINS
Kleine, würzig-herzhafte Rahmkuchen

Hauptgerichte

CHOLERA
Walliser Gemüsekuchen aus Mürbeteig

ZÜRCHER GESCHNETZELTES
Kalbsragout in Sahnesauce, dazu Rösti

ÄLPLERMAGRONEN
Herzhaftes Kartoffel-Nudel-Gericht,
serviert mit Apfelmus

MALAKOFF
Frittierte Käsekrapfen, als Beilage
grüner Salat

POLENTA CONCIA CON FONTINA
Maisbrei mit Tessiner Fontinakäse

COREGONE IN CARPIONE
Felchen (ein Seefisch) in Kräuter-Essig-
Marinade

Desserts

VERMICELLES
Pürierte Esskastanien mit Vanille und
Kirschwasser

KÄSEPLATTE
Appenzeller, Emmentaler, Gruyère, Tête
de Moine, Sbrinz, Tomme Vaudoise

Getränke

MOSCHT
Süßer, sprudelnder Apfelsaft, alkoholfrei

RIVELLA
Limonade aus Molke: pur, mit Grüntee
oder mit Holunderblüte

SHOPPEN & STÖBERN

DAS STÖBERN IST DAS ZIEL

In den 19 Brockenstuben („Brockis", in der Westschweiz *Brocante*) stöbert auch der Schweizer: Dort bekommst du alles, was zuvor schon mal jemand anderem gehört hat. Zwischen Möbeln, Büchern, Kleidungsstücken und Lampen verbergen sich immer wieder kleine Schätze. Und den Erlös nutzt die Heilsarmee auch noch für einen guten Zweck. *brocki.ch*

WIE DIE ZEIT VERGEHT

An der Auswahl soll's nicht scheitern: Uhren gibt es von der Swatch ab 60 Euro bis zur handgemachten Edelvariante, für die du deinen Kleinwagen versetzen musst. Allerdings: Nicht immer sind Uhren billiger als in Deutschland – Preise vergleichen lohnt sich.

ALLES AUSSER KITSCH

Kuhglocken aus Blech oder Berggipfel aus Plastik – mal ehrlich, wer will so etwas haben? Zum Glück gibt es längst frech-modern designtes und qualitativ hochwertiges Kunsthandwerk, etwa vom *Schweizer Heimatwerk (heimatwerk.ch)* mit zwei Standorten in Zürich. Ein tolles Mitbringsel sind auch „Finken", die Schweizer Variante des Hausschuhs: Die sind aus Filz und so groß, dass die Füße deiner Gäste samt Schuhen reinschlüpfen können. Damit entfällt die etwas peinliche Bitte, die Schuhe vor der Tür auszuziehen. Einzigartig, aber nicht ganz billig sind die Taschen, die Freitag *(freitag.ch)* aus alten LKW-Planen herstellt und die außer in der Zentrale in Zürich-West in der ganzen Schweiz zu haben sind. Und schließlich: Trinkflaschen der Marke Sigg *(sigg.ch)* sind nicht nur schön und oft mit Schweizer Motiven geschmückt, sondern auch im Alltag praktisch.

INSIDER-TIPP
Vögel für die Füße

Hausschuh 2.0: „Finken", die schweizerische Kultvariante der Pantoffeln (re.)

SÜSS UND KLEBRIG

Aufgepasst: Ohne Schokolade, kurz Schoggi, darfst du dich nach einem Schweizurlaub zu Hause nicht blicken lassen. Die Schweizer Topspezialität gibt es in allen Größen, Formen und Formaten. Kauf dir in den großen Städten wie Genf, Zürich, Basel, Bern oder Luzern ruhig mal eine Tafel vom örtlichen Chocolatier, die sind besonders himmlisch. Günstiger und trotzdem gut ist Fabrikschokolade; die Hausmarken der großen Supermärkte (deutlich günstiger) sind der Markenschokolade qualitativ ebenbürtig. Mit Schokolade gemacht sind auch die zarten gefüllten Waffeln, die Hüppen genannt werden.

SCHICK UND SCHARF

Schweizer Messer sind – nun ja – echt schweizerisch. Die ursprünglich für die Armee erfundenen Vielzweckmesser, in der Schweiz „Sackmesser" ge-

nannt, gibt es in über 100 Varianten von diversen Herstellern – und fast überall.

ALLES KÄSE!

Hartkäse wie Gruyère bzw. Greyerzer (der ist übrigens in fünf Reifegraden erhältlich!), Appenzeller oder Emmentaler eignen sich besonders gut zum Mitnehmen. Auch der Tête de Moine („Mönchskopf") genannte Hobelkäse aus dem Jura lässt sich gut transportieren – vergiss aber nicht, dann auch noch den passenden Hobel zu kaufen (rund, mit Metallstab in der Mitte, der durch den Käse gesteckt wird). Geraspelter Fonduekäse (aber bitte bloß keine Fertigmischungen!) ist ebenfalls eine feine Idee, Gruyère und Vacherin Fribourgeois gemischt *(moitié-moitié)* bekommst du nur in der Schweiz. Dazu noch ein kleines Fläschchen Kirsch und fertig ist das Mitbringsel.

SPORT

Ob Schnee oder Sonne, Sport findet in der Schweiz meistens draußen statt. Auf Skiern steile Abhänge hinab, mit BMX-Rädern über kleine Bergpfade oder im Schlauchboot durch Stromschnellen: Das sind nur drei Möglichkeiten, ordentlich Adrenalin auszuschütten. Wenn du es ruhiger magst, ist das auch kein Problem: Greif zum Wanderstock, zum Schneeschuh oder geh in den Bädern an den vielen Seen schwimmen.

WANDERN

Folg der gelben Raute und du liegst – pardon, läufst – garantiert richtig: Gut 65 000 km Wanderpfade sind ausgeschildert, kein Ort in der Schweiz, den du nicht bequem zu Fuß erreichen kannst. Der Verein Schweizer Wanderwege *(wandern.ch)* pflegt die Wege nicht nur, sondern bietet auf seiner Website auch mehr als 500 Touren zum Download an. Für Fernwanderer setzt sich seit einiger Zeit ein besonders bequemes Konzept durch: Während du wanderst, wird dein Gepäck schon in die nächste Herberge gefahren – so kannst du unbeschwert durch die Natur laufen. Das geht zum Beispiel auf der Viamala in Graubünden *(viamala.ch)*. So kannst du dich entspannt aufs Gipfelbestaunen konzentrieren.

BERGSTEIGEN

Wer in den Schweizer Bergen (und besonders in den Alpen) klettern möchte, muss wissen, was er tut! Gletscherspalten, Felsbrüche und das schnell wechselnde Wetter sind Risiken bei der Besteigung gerade von hohen Bergen. Am besten kennen sich lokale Bergführer aus *(4000plus.ch)*. Wer in der Schweiz auf Berge steigt, ist zudem im Schweizer Alpen-Club *(sac-cas.ch)* organisiert. Auf dessen Website

So hoch hinauf kommen nicht viele: Blick aufs Matterhorn

gibts viele Tipps, außerdem betreiben die Ortssektionen rund 150 Hütten, in denen Bergsteiger und Wanderer günstig übernachten können.

TRAILRUNNING
Beim Wandern fehlt dir der Kick? Dann ist dieser Trendsport für dich gemacht: Trailrunner gehen nicht, sie laufen, springen, fliegen über Stock und Stein, Gletscher entlang, von Tal zu Tal und Bergsee zu Bergsee. Einsteigerrouten gibt es etwa durch die Schluchten der Areuse (Jura), rund um Sils-Maria (Graubünden) oder auf der Bettmeralp (Wallis). Mehr Infos zum Sport und den Trails auf *short.travel/swz9*

INLINESKATING
600 km geteerte Wege extra für Inlineskater hat die Schweiz, unter anderem einmal quer durchs Mittelland oder die Rhône entlang. Routen und alles rund ums Skaten in der Schweiz stehen auf der Website *skatingland.ch;* dort gibt es auch eine App speziell für Skater.

RADFAHREN & MOUNTAINBIKING
Neun nationale Radwanderrouten, darunter die den Rhein entlang (s. Erlebnistour 2), führen durch die Schweiz. Fürs Wandern mit dem Rad, das in der Schweiz Velo heißt, gibt es praktisch keine Grenzen: Tausende Kilometer sind für Fahrradfahrer ausgeschildert, unter *veloland.ch* kannst du Routen, Karten, Rast- und Logiermöglichkeiten und vieles mehr abrufen. Der Schweizer Tourismusverband hat zudem besonders fahrradfreundliche Hotels als „Swiss Bike Hotel" ausgezeichnet. Dort findest du Räume zum Unterstellen, Reparaturmaterial oder Ladestationen für E-Bikes *(short.travel/swz5).*

Besonders schick ist die Möglichkeit, Fahrräder, Mountainbikes oder Pedelecs an einem Ort zu mieten und sie an einem anderen wieder abzugeben *(rentabike.ch)*. Falls du eine Strecke abkürzen willst: Bahn, Postbus und Fähren transportieren Fahrräder, aber nicht zu jeder Zeit *(sbb.ch)*.

Für Mountainbiker sind nicht nur Strecken an den Hängen der 4000er im Wallis entlang angelegt worden, sondern auch Freeride-Trails wie im *Alpenbikepark Chur (alpenbikepark.ch)*, wo auch Anfänger die steile Abfahrt auf einem Flowtrail ausprobieren können.

GOLF

Schon 1893 wurde im Engadin der erste Schweizer Golfclub gegründet; urlaubende Engländer brachten die Idee in die Bergwelt. Seitdem sind mehr als 100 Golfplätze angelegt worden, darunter einige der schönsten der Welt mit Alpenblick, Abschlägen über den jungen Rhein oder auf Gipfelhöhe. Einen Überblick bekommst du auf der Website *swissgolf.ch*, geordnet nach Regionen. Dort findest du auch die Reglements und den Turnierkalender.

SCHWIMMEN

Wenn du gerne schwimmst, dann hast du in der Schweiz die Qual der Wahl: Es gibt traumhafte Badeanstalten, in der Schweiz liebevoll Badi genannt (Verzeichnis unter *badi-info.ch*). Die schönsten Bäder der Schweiz hat der Schweizer Heimatschutz in einer bebilderten Broschüre zusammengefasst *(heimatschutz.ch)*, darin werden alte Schätzchen wie das *Familienbad Kreuzweiher* in St. Gallen, das von Max Frisch geplante *Freibad Letzigraben* in Zürich oder die *Biobadi* im aargauischen Biberstein vorgestellt. In Flüssen, Seen und Bächen solltest du stets vorsichtig testen, ob du der Strömung und den Gegebenheiten gewachsen bist (Verhaltensregeln unter *slrg.ch*).

PADDELN & RIVERRAFTING

Rafting ist auf Schweizer Flüssen in allen Adrenalinstufen machbar. Eher gemächlich ist Kanuwandern etwa auf dem Thuner See *(spiez.ch)*, das Kajakfahren z. B. auf dem Doubs *(maisondutourisme.ch)* oder Softrafting auf dem Rhein. Am anderen Ende der Skala: Wildwasserraften auf rauschenden Gebirgsflüssen durch alpine Schluchten wie die Ruinaulta bei Ilanz, auf dem wilden Inn bei Scuol oder auf der Rhône bei Sierre. Da bleibt kein Auge trocken! *myswitzerland.com/de/erlebnisse/*

WINTERSPORT

Die Schweiz ist Wintersportland, in höheren Lagen (noch) mit Schneegarantie, auf den Gletschern sogar im Sommer. Die teils überhöhten Preise sind in den vergangenen Jahren gesunken, auch weil reiche Urlauber zum Beispiel aus Russland nicht mehr kamen. In vielen Orten gibt es kostenfreie oder verbilligte Skipässe, wenn du mehr als zwei Nächte bleibst – unbedingt vor Ort erkundigen! Besonders schöne Skigebiete sind die Jungfrau-Region, Gstaad und die Region um Kandersteg im Berner Oberland, Zermatt und Saas-Fee im Wallis oder

Davos und das Oberengadin um St. Moritz in Graubünden.

Neben Abfahrtski, Skilanglauf und Snowboarden werden inzwischen überall auch Trendsportarten angeboten, etwa Carven, Freeriden oder

sende am Bungeeseil nachgemacht. Auch sonst liegen Extremsportarten im Trend: Riverrafting auf den wilden Flüssen im Berner Oberland, in Graubünden und im Tessin etwa. Beim Canyoning durchquerst du Schluch-

Ein Traum: Mountainbiking auf dafür angelegten Wegen in der grandiosen Natur des Wallis

Schneeschuhwanderungen. Für Letztere gibt es sogar spezielle Wanderwege: *(schweizmobil.ch/de/schneeschuh wandern.html)*. Die Ausrüstung kann man überall vor Ort mieten. Eine Liste der anerkannten Schweizer Skischulen findest du auf *swiss-ski-school.ch*.

INSIDER-TIPP
Spring wie einst 007

EXTREMSPORT
220 m hoch ist der Verzasca-Staudamm im Tessin, von dem James Bond im Film „Golden Eye" in die Tiefe sprang. Seitdem haben es ihm Tau-

ten, indem du mal den Fels herabrutschst, mal schwimmst, mal in einen Wasserfall abseilst – Hauptsache, Abenteuer. Besonders beliebt ist dieser Sport im Tessin, in der Viamala oder am Walensee bei Zürich. Und dann wäre da noch Paragliding, also das Gleitschirmfliegen, das der Fortbewegung eines Vogels vielleicht am nächsten kommt, aber einiges Können im Umgang mit Wind voraussetzt. Anfänger starten im Tandem, als ein besonders gutes Terrain gilt die Gegend um Interlaken.

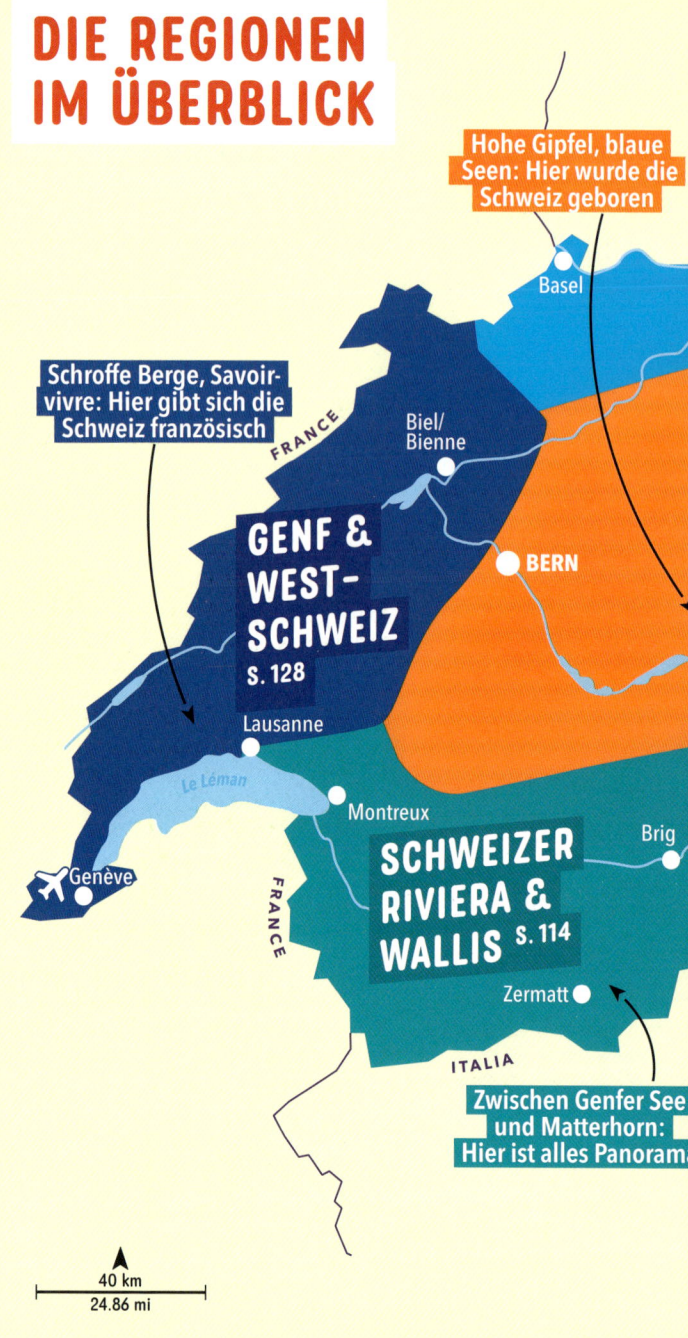

DIE REGIONEN IM ÜBERBLICK

Hohe Gipfel, blaue Seen: Hier wurde die Schweiz geboren

Schroffe Berge, Savoir-vivre: Hier gibt sich die Schweiz französisch

Basel

FRANCE

Biel/Bienne

GENF & WEST-SCHWEIZ S. 128

BERN

Lausanne

Le Léman

Montreux

Brig

SCHWEIZER RIVIERA & WALLIS S. 114

Genève

FRANCE

Zermatt

ITALIA

Zwischen Genfer See und Matterhorn: Hier ist alles Panorama

40 km
24.86 mi

Quirlige Städte, bunte Vielfalt: Hier ist die Schweiz modern

DEUTSCHLAND

Schaffhausen

Bodensee

Rhein

NORD- & OST- SCHWEIZ S. 38

Zürich

St. Gallen

ÖSTERREICH

LIECHTENSTEIN

uzern

BERN & INNER- SCHWEIZ S. 60

Rhein

Chur

Davos

GRAUBÜNDEN S. 86

St. Moritz

TESSIN S. 102

Locarno

Bellinzona

Lugano

Lago Maggiore

Magische Wildnis ganz nah am Himmel: Hier regiert die Natur

Süße Sonne, Dolce Vita: Hier küsst Italien die Schweiz

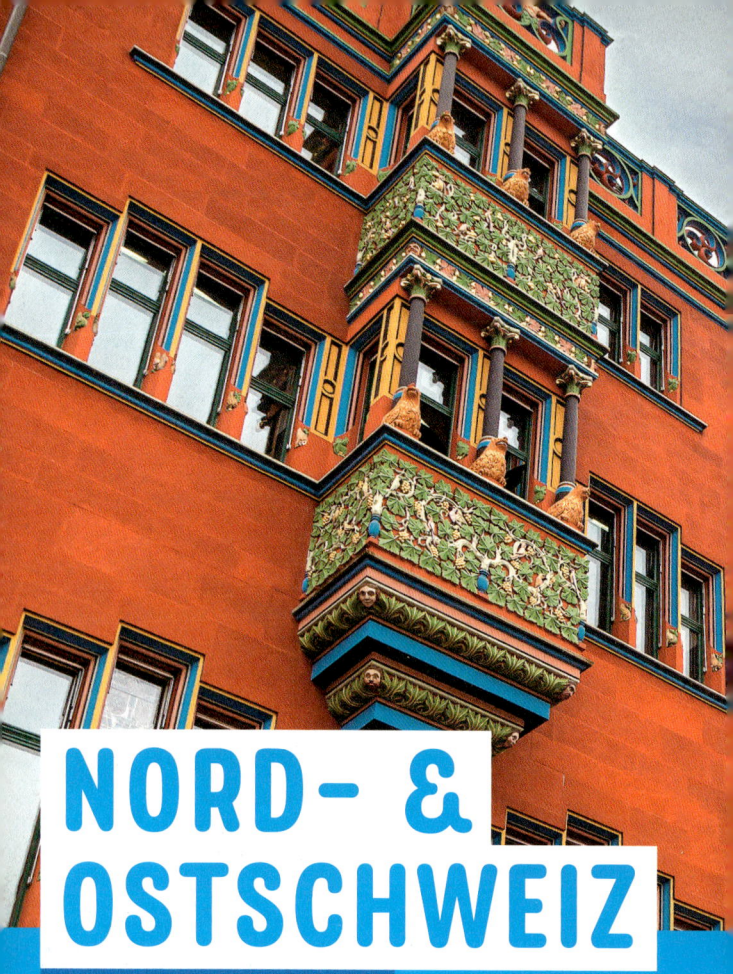

NORD- & OSTSCHWEIZ

So urban, kulturell und kosmopolitisch kann die Schweiz sein: in den Metropolen Basel und Zürich natürlich, aber auch in der Unistadt St. Gallen.

Und das, obwohl jahrhundertealte historische Bauwerke auch nicht zu kurz kommen. Im dicht besiedelten Raum dazwischen: lauter Perlen und Oasen. Auf gehts zur Entdeckungsreise, den Rhein entlang durch das Schaffhauser Blauburgunderland bis zum Rheinfall, ins mittelalterliche Solothurn oder über die Grenze zu einem Ausflug

An der opulent verzierten Fassade entdeckt man immer neue Details: das Basler Rathaus

ins nahe Liechtenstein. Die Städte brummen vor Kultur, Szene und Geschichte. Mittendrin immer wieder grüne Flächen, urbane Experimente, Leben. Hier ist die Schweiz modern und vielfältig, zeigt sich in den buntesten Facetten. Zwischen Bürgerhäusern und Kirchen, erschlossenen Industriebrachen und neuen Hochhäusern kannst du flanieren und immer wieder staunen.

NORD- & OSTSCHWEIZ

MARCO POLO HIGHLIGHTS

⭐ **BASLER RIVIERA**
Urlaubsfeeling am Rhein ➤ S. 43

⭐ **FIFA-MUSEUM**
Ball und Bling: die Geschichte des
Weltfußballs in Zürich ➤ S. 52

⭐ **FRAUMÜNSTER**
Chagalls bunte Fenster bringen die
Zürcher Kirche zum Leuchten ➤ S. 50

⭐ **RHEINFÄHREN IN BASEL**
Die Strömung allein macht's! ➤ S. 43

⭐ **STIFTSBIBLIOTHEK ST. GALLEN**
Wertvollste Schriften lagern in diesem
Palast für Bibliophile ➤ S. 57

⭐ **KUNSTMUSEUM BASEL**
Fassade, Räume, Bilder und Skulpturen:
alles Kunst ➤ S. 42

⭐ **FONDATION BEYELER**
In Basel ist das schweizweit Beste an moderner Kunst zu sehen ➤ S. 44

⭐ **ZÜRICH-WEST**
Wohlfühlen zwischen Containerturm, Gartenkneipen und Viadukten ➤ S. 51

⭐ **RHEINFALL**
Ein Rauschen und Donnern, wo der Rhein 23 m in die Tiefe stürzt ➤ S. 55

⭐ **KUNSTMUSEUM LIECHTENSTEIN**
Picasso, Beckmann und Miró im Ministaat ➤ S. 59

BASEL

(□ F2) **Langweilig? Gibts nicht, jedenfalls nicht in Basel. Dafür ist die Stadt viel zu vielfältig. Basel ist alt und modern, schick und leger, betriebsam und entspannt – alles zugleich.**

Das liegt auch an den gut 165 000 Baslern, von denen viele aus aller Welt hierhergekommen sind: Studenten, Industrielle, Arbeiter fahren hier in der gleichen Straßenbahn, um am Ufer des Rheins gemeinsam ein Bier zu trinken. Selbst vom Reichtum haben alle was, denn wer im „Basler Teig" (der reichen Oberschicht) etwas auf sich hält, steckt sein Geld in die Kultur. Auch deshalb ist Basel eine weltweit berühmte Kunststadt.

Ansonsten weht schon ein Hauch mediterranen Flairs durch beide Hälften der Stadt, Großbasel mit der historischen Altstadt auf der einen und Kleinbasel mit seinen bunten, kulturell gemischten Vierteln auf der anderen Rheinseite.

WOHIN ZUERST?

Vom Bahnhof aus mit der Tram 8 oder 11 in Richtung Innenstadt, nach drei Stationen am Barfüsserplatz aussteigen – und schon bist du mittendrin im Herzen von Basel! Von hier gehts die Gerbergasse (Fußgängerzone) entlang bis zum **Marktplatz** mit dem roten Rathaus keine Hundert Meter vom Rheinufer entfernt.

SIGHTSEEING

HOOSESAGGMUSEUM 👁

Im kleinsten Museum von Basel (und wahrscheinlich auch der ganzen Schweiz) ist der Einblick frei: Die wechselnden Ausstellungen aller Art betrachtest du durch die gläserne Tür des Hauses. *Imbergässlein 31 | hoose saggmuseum.ch | Tram 6, 8, 11, 14 Marktplatz*

MÜNSTER

Die roten Türme des Basler Münsters sehen nicht nur schön aus: 242 Stufen aufwärts und du hast den Topblick über die Altstadt. In der 1019 geweihten Kathedrale wurde 1439 schon mal ein (Gegen-)Papst gewählt und im Seitenschiff liegt der Gelehrte Erasmus von Rotterdam (1466/69–1536) begraben. All das und noch mehr erfährst du in der Krypta, die zum 1000-jährigen 2019 zu einer Ausstellung mit virtueller 270-Grad- Inszenierung umgebaut worden ist. *Turmbesteigung 6 Franken | Tram 2, 8, 10 Münsterplatz | baslermuenster.ch | ⏱ 30 Min.*

KUNSTMUSEUM BASEL ★

Seit mehr als 350 Jahren sammelt das Kunstmuseum Basel Gemälde und Skulpturen – die Sammlung ist so groß, dass sie inzwischen in drei Gebäuden gezeigt wird. Das jüngste, 2016 eröffnete, ist alleine schon einen Besuch wert, nicht nur wegen der dort gezeigten Gegenwartskunst: Selbst der unterirdische Gang, der altes und neues Gebäude verbindet, ist Kunst. *Di–So 10–18 (Mi bis 20) Uhr | Eintritt 16 Franken | St.-Alban-Graben 16/20 |*

Die Türme des Basler Münsters – 63 und 64 m hoch – tragen verschiedene Turmhauben

kunstmuseumbasel.ch | Tram 2 Kunstmuseum | ⏱ 1 Std.

RHEINFÄHREN ⭐

Vier Fähren fahren, an Stahltrossen hängend und nur durch die Strömung bewegt, in Basel über den Rhein: In Stromrichtung gesehen ist die *St.-Alban-Fähre* die erste, dann folgen die *Münster-Fähre* und die wohl am meisten befahrene, die *Klingentalfähre* zwischen Rhyschänzli und Altstadt. Die abgefahrenste ist die mit Naturkunst und bunter Stickerei verschönerte *St.-Johann-Fähre,* die bis in die Nacht verkehrt. *Überfahrt 2 Franken*

KLEINBASEL

Auf der Sonnenseite des Rheins liegt die ⭐ *Basler Riviera:* Bei schönem Wetter versammelt sich hier halb Basel und sitzt entweder am Ufer oder in einem der Buvettes genannten Bier-

gärten. An der Klingentalfähre biegt man ab zur umgebauten *Kaserne (Klybeckstr. 1b | kaserne-basel.ch),* einem alternativen Kulturzentrum mit großen Grünflächen, Clubs und Kneipen mitten im trendigen Matthäus-Viertel. Zwischen Klybeck- und Feldbergstrasse stöberst du in kleinen Läden wie der *Boutique Riviera (Feldbergstr. 43 | rivierabascl.ch),* schnupperst in tolle Kneipen wie die *Braubude Basel (Oetlingerstr. 84 | braubudebasel.ch)* rein – und dann ist da auch der ehemalige Blumenladen *Flore (So geschl. | Klybeckstr. 5 | florebasel.weebly.com),* in dem der Franzose Miron Londreau Wein und Kaffee ausschenkt. Ab und zu gibt es auch Austern. Die *Hamburgeria Pellicano (Mo geschl. | Feldbergstr. 60 | hamburgeria-pellicano-basel.ch)* ist ein hochklassiger Imbiss und

INSIDER-TIPP
Einen Strauß Rotwein, bitte!

im *Nebel (Sperrstr. 94 | nebelbar.ch)* machen Clubber die Nacht zum Tag. Von dort gehts samstags früh gleich zum *Wochenmarkt* an der Feldbergstrasse. *Tram 1, 2, 8, 11 Kaserne*

ROCHE-TÜRME

Das auffälligste Bürohaus der Stadt (Höhe: 178 m) hat Zuwachs bekommen: Der zweite Roche-Turm ist sogar 205 m hoch! Immer samstags darf eine kleine Gruppe dem schön schiefen „Bürohochhaus Bau 1" aufs Dach steigen und von oben auf ganz Basel schauen – aber unbedingt anmelden! *Grenzacherstr. 124 | Bus 31, 38, 42 Hoffmann-La Roche | short.travel/swz1*

TINGUELY-MUSEUM 😎

Überall in diesem Museum rattert und quietscht es: Die bunten, beweg-

lichen, aus Schrott und anderen Fundstücken hergestellten Maschinen des Künstlers Jean Tinguely (1925–91) funktionieren, allerdings ohne Sinn. Ein Riesenspaß! *Di–So 11–18 Uhr | Eintritt 18 Franken, Kinder 12 Franken | Paul-Sacher-Anlage 2 | tinguely.ch | Bus 31, 38 Tinguely-Museum | ⏱ 1 Std.*

FONDATION BEYELER ⭐

Selbst Kunstmuffel sind in der Regel begeistert von diesem Museum im Stadtteil Riehen. Im hellen Bau des Meisterarchitekten Renzo Piano ist das Beste zu sehen, was die klassische Moderne zu bieten hat, dazu gibt es sensationelle Sonderausstellungen. *Tgl. 10–18 (Mi bis 20) Uhr | Eintritt 25 Franken, Di 20 Franken | Baselstr. 101 | fondationbeyeler.ch | Tram 2 Fondation Beyeler | ⏱ 1½ Std.*

GEDENKSTÄTTE FÜR FLÜCHTLINGE 🏛️

Im Zweiten Weltkrieg suchten Hunderttausende Flüchtlinge aus Nazi-Deutschland Zuflucht in der Schweiz. Nicht alle wurden aufgenommen, andere schafften es nur dank der Hilfe mutiger Schweizer. In der Gedenkstätte wird dieses auch für Schweizer oft unbekannte Kapitel der Geschichte erzählt. *Tgl. 9–17 Uhr | Eintritt frei | Inzlingerstr. 44 | gedenkstaetterienhen. ch | Tram 2 Fondation Beyeler |* ⏱️ *45 Min.*

REHBERGER-WEG

Grenzen überschreiten war noch nie so bunt: Der vom Künstler Thomas Rehberger angelegte Weg führt von der Fondation Beyeler zum *Vitra-Design-Museum (tgl. 10–18 Uhr | Charles-Eames-Str. 2 | Eintritt 13 Euro | design-museum.de)* im deutschen Nachbarort Weil am Rhein – schon das Gebäude ist Design pur! Auf den

5 km durch die Weinberge kannst du ==24 kunterbunte Wegmarken des Künstlers entdecken, darunter Wasserspeier, Wetterhäuschen oder Ferngläser.== Von Weil wieder zurück nach Basel gehts dann mit der Tram. *24stops.info*

RHEINUFERWEG ST. JOHANN

Was für eine Promenade! Bis zu 30 m breit ist der Elsässerrheinweg, der sich vom Park im Stadtteil St. Johann vorbei am hypermodernen *Novartis-Campus* (wo jedes Gebäude von einem anderen bekannten Architekten gestaltet wurde) bis nach Frankreich schlängelt. Super auch für Biker und Skater! *Beginn am St.-Johanns-Park | Tram 10, 11, 14, 15, 16 St.-Johanns-Tor*

ESSEN & TRINKEN

ACQUA

Schickes italienisches Essen im ebenso schick umgebauten Wasserwerk: mittags Tagesgerichte, abends mehr-

Unverkennbar: Dieses Gebäude auf dem Novartis-Campus ist von Frank O. Gehry

gängige Menüs. *So geschl. | Binningerstr. 14 | Tel. 06 15 64 66 66 | acqua basilea.ch | €€€*

MARKTHALLE

Nicht ein, sondern ganz viele Restaurants sind in der großen Markthalle von 1929 nicht weit vom Bahnhof SBB

INSIDER-TIPP
Vernasch die Vielfalt

versammelt. Hier brutzelt einer Fish and Chips nach Hausrezept, dort bietet jemand Risotti an, da hinten Cocktails – die Auswahl ist schier grenzenlos. *Mo 8–19, Di/Mi 8–24, Do 8–1, Fr/ Sa 8–2, So 9–17 Uhr mit Brunch und Flohmarkt | Steinentorberg 20 | altemarkt halle.ch | €*

DER GRÜNE GAUL

Lieber ein Pulled Bio-Pork oder ein Veggie Wrap? Oder doch einen der vielen Salate? Was immer du beim zum Foodtruck umgebauten Pferdeanhänger wählst: Regional, bio und frisch ist alles. *Di–Do 10–15, Fr/Sa 10–17 Uhr | Marktplatz 1 | dergruenegaul. ch | €*

RHYWYERA

Entrecôte, Lammkarree oder Fischfilet: Aus besten Zutaten werden in ungezwungener Atmosphäre direkt am Rhein mit Terrasse schlichte, elegante Gerichte. Mittags kannst du zudem aus vier Tagesmenüs wählen. *Sa/So geschl. | Unterer Rheinweg 10 | Tel. 06 16 83 32 02 | rhywyera.ch | €€*

VOLKSHAUS BASEL

Im Innenhof unter Bäumen dinieren oder lieber drinnen in der klassischen Brasserie, die von den Architekten Herzog & de Meuron neu designt wurde? Du hast die Wahl – das Auge isst schließlich mit. Auf den Tisch kommen hausgemachter Hackbraten, *steak frites* oder Pasta mit Trüffeln. Ein Gaumenschmaus! *Sa-Mittag und So-Mit-*

Beliebter Treffpunkt: der Food Court in der Basler Markthalle

tag geschl. | Rebgasse 12–14 | Tel. 06 16 90 93 00 | €€€

PARTERRE 1

Fleisch kommt in diesem sympathischen Lokal im Kasernenareal aus artgerechter Tierhaltung, Gemüse ist saisonal. Schöne Terrasse. Tipp: die phantasievollen Desserts! *Tgl. | Klybeckstr. 1b | Tel. 06 16 95 89 98 | parterre-one. ch | €€*

SHOPPEN

Basels Haupteinkaufsmeile ist die Freie Strasse zwischen Bankverein und Marktplatz, dort ist montags bis samstags Wochenmarkt. In der Marktgasse, die von hier zum Rhein führt, locken kleine Läden wie der Schokispezialist *Xocolatl (xocolatl.ch)* oder *Changemaker (changemaker.ch)*, ein kleines Kaufhaus für faire Produkte. Eine Auswahl kleiner, hipper Läden gibt es in der Feldbergstrasse im Matthäus-Viertel.

ERFOLG

Ob Shirt oder Strick: Was es hier zum Anziehen gibt, stammt zu 100 Prozent aus der Schweiz und wird mit sozialer Verantwortung produziert. Oh, und schön aussehen tut es noch dazu! *Mo geschl. | Spalenberg 36 | erfolg-label. ch*

LÄCKERLI HUUS

In historischem Ambiente wird unter anderem die lokale Lebkuchenspezialität Basler Leckerli verkostet und verkauft – bis hin zum Kilopaket ist alles da. Natürlich gibts aber auch Schoki,

Pralinés und Rahmtäfeli. *Gerbergasse 57 | laeckerli-huus.ch*

SPORT & SPASS

RHEINSCHWIMMEN

Mach's wie die Basler und erleb die Stadt vom Rhein aus! Die Wasserqualität wird täglich gemessen. Erfahrenen Schwimmern, die sich zwischen den blauen Bojen und dem Ufer halten, droht keine Gefahr. Achtung: Abstand zu den Brückenpfeilern halten (Strudel!). Badeschuhe helfen beim Ein- und Ausstieg. Beliebtester Einstieg: am Solitude-Park zwischen Roche-Türmen und Schwarzwaldbrücke, absolut letzter Ausstieg rheinabwärts vor dem Hafen an der Drei-Rosen-Brücke (hier auch Duschen). Für die Premiere am besten den Hunderten Baslern folgen, die in ihrer Mittagspause ins Wasser strömen. Die Anziehsachen verstaust du am besten in einem wasserdichten Beutel wie dem grellbunten *Wickelfisch (tiloah mels.ch/wickelfisch)*, den es bei der Touristeninfo und in allen Buvetten gibt.

Der offene Rhein ist dir doch zu unheimlich? Dann ist da ja noch die *Rhybadi (Rheinbad Breite | St.-Alban-Rheinweg 195 | rheinbad-breite.ch)* – auch im Rhein, aber ordentlich umschlossen.

AUSGEHEN & FEIERN

Mediterranes Feeling am Rhein ist inklusive bei den sechs *Rhein-Buvetten* auf Kleinbasler Seite, die von April bis

September geöffnet haben: Bei allen beliebt ist das *Rhyschänzli* an der Klingentalfähre. Die *Oetlinger-Buvette* hinter der Johanniterbrücke ist ein Gesamtkunstwerk, hier geht es persönlicher zu.

CARGOBAR

Angesagte Basler Kunstbar: Hier sitzt man über dem Rhein und schlürft Cocktails oder ein Helles in der Dämmerung. Abends verlagert sich das Geschehen nach drinnen, wo es regelmäßig Livemusik und andere Vorstellungen gibt. *So–Do 16–1, Fr/Sa 16–2.30 Uhr | St.-Johanns-Rheinweg 46 | cargobar.ch*

NORDSTERN

In dem umgebauten Frachtschiff, mit dem Käpt'n Agi Isaku in Basel angelegt hat, legen immer wieder Star-DJs auf. Aber auch sonst gibt es für Clubfans schweizweit kaum was Besseres. *Do–Sa ab 23 Uhr | Westquaistrasse 19 | nordstern.com*

RUND UM BASEL

🔟 AUGUSTA RAURICA 👁

15 km östlich von Basel/22 Min. mit der S 1 ab Basel SBB

Zwischen den Ruinen der 2000 Jahre alten Römerstadt fühlt man sich wie im alten Rom – sogar ein Römerhaus zum Besichtigen, ein römisches Theater und einen römischen Haustierpark gibt es. Alles Wissenswerte und einen Silberschatz gibts im Museum zu sehen. *Tgl. 10–17 Uhr | Museum und Römerhaus 8 Franken, Kinder 6 Franken | Giebenacherstr. 17 | Augst | augustaraurica.ch | ⏱ 3 Std. | 🗺 F2*

2️⃣ SOLOTHURN

65 km südlich von Basel/1 Std. ab Basel SBB

Das 17 000-Ew.-Städtchen an der Aare und am Fuß des Jura quillt über vor barocken Schönheiten: In *Jesuitenkirche* und *St.-Ursen-Kathedrale* gehen dir vor lauter Pracht die Augen über. Die *Schanzen* (Reste des einstigen Burgwalls) und der *Zeitglockenturm* erinnern an die Größe der einst reichen Stadt. Einmal im Jahr wird Solothurn zum Treffpunkt von Autoren aller Genres – die *Literaturtage (literatur.ch) sind weit über die Schweiz hinaus berühmt.* Im *Baseltor (tgl. | Hauptgasse 79 | Tel. 03 26 22 34 22 | baseltor.ch | €€)* schlemmt man Slow Food. In der *Stadtrösterei (So geschl. | Hauptbahnhofstr. 7)* wird der Kaffee ausgeschenkt, der gerade erst hier geröstet wurde. 🗺 *F3*

INSIDER-TIPP
Lesen und lesen lasse

ZÜRICH

(🗺 *H2*) **Jung, hip und immer ein bisschen anders als der Rest des Landes: So ist die Schweizer Metropole, eine Stadt, die immer wieder unter die lebenswertesten (allerdings auch teuersten!) der Welt gewählt wird.**

Was für eine Lage! Die Zürcher Altstadt mit Stadthausquai und Fraumünster

Zürich hat eine lebendige Geschichte, Literaten und Künstler haben hier ihre Spuren hinterlassen. Und in ihrem Herzen stehen einige der schönsten historischen Gebäude Europas. Aber das macht Neubauten wie den blau leuchtenden *Prime Tower* nur noch schillernder. Hier hat nie ein Krieg irgendetwas zerstört. Und so weltstädtisch Zürich sich mit seinen knapp 400 000 Ew. auch gibt: Es liegt alles nahe beieinander und ist mit Tram und zu Fuß bequemst zu erkunden. In allen Einzelheiten informiert dich der MARCO POLO Band „Zürich".

SIGHTSEEING

ALTSTADT

Entlang der Limmat, zwischen Bahnhof und Zürichsee, schlägt das Herz der Zürcher Altstadt. Das alte Rathaus steht auf einer Brücke mitten über dem Fluss. Rechts der Limmat, oberhalb des Limmatquais, liegt das *Niederdorf* (auch Dörfli genannt) mit seinen niedlichen Geschäften. Sobald die Sonne sinkt, verwandeln Straßenkünstler und -cafés das Viertel in ein buntes Spektakel. Links der Limmat gehts auf Kopfsteinpflaster treppauf, treppab durch die verwinkelten Gässchen des alten *Handwerkerviertels* um die Straßen Schipfe und Wühre, wo sich Goldschmiede, Buchbinder und Blumenhändler in die hohen, schmalen Gebäude aus dem späten Mittelalter eingemietet haben.

Dir ist heiß? Dann gibts zwei Möglichkeiten: Im nahen *Frauenbad (bei gutem Wetter tgl. 9–19.30 Uhr | ▢ d5)* am Stadthausquai können sich die Frauen in der Limmat abkühlen, die Männer setzen sich so lange in eines der zahlreichen Straßencafés. Mittwochs, donnerstags und sonntags wird das Frauenbad abends zur *Barfußbar (bar fussbar.ch):* Dann dürfen Mann und Frau gemeinsam rein, nur die Schuhe bleiben draußen. *c–d 3–5*

INSIDER-TIPP
Männerfüße bitte nur abends

FRAUMÜNSTER ⭐

Viermal ein Traum in tiefem Blau und mit den für Marc Chagall so typischen Farbtupfern, dazu je einmal Grün und Gelb: Die fünf von ihm gestalteten Kirchenfenster und eine Rosette sind die vielleicht schönsten der Schweiz und passen erstaunlich gut in die im Jahr 853 errichtete Kirche. *Tgl. 10–17, März–Okt. bis 18 Uhr | fraumuenster. ch | Tram 4, 15 Paradeplatz | d5*

GROSSMÜNSTER

Die markanten Doppeltürme sind das Wahrzeichen Zürichs: hochklettern und den Blick über die Altstadt genießen! Hierher sollen übrigens schon die Stadtheiligen Felix und Regula nach ihrer Enthauptung gewandert sein, mit ihrem Kopf unterm Arm ... *Tgl. 10–17, März–Okt. bis 18 Uhr | grossmuens ter.ch | Tram 4, 15 Helmhaus | d4–5*

CABARET VOLTAIRE

„Ich bin der große Derdiedas", proklamierte Hans Arp im Cabaret Voltaire 1916 den Beginn von Dada. Gut 100 Jahre später ist die avantgardistische Kunstbewegung wieder en vogue und das Cabaret Voltaire mit seinem *Museum (Di und Do 12–20, Mi und Fr– So 12–18 Uhr),* Shop und Café ihr Hauptquartier. Nicht nur beim „Performance Dienst-Tag" geht es fast so hoch her wie einst bei Arp & Co. – Programm auf der Website. *Di–Do 12–24, Fr/Sa 12–2, So 12–18 Uhr | Spiegelgasse 1 | cabaretvoltaire.ch | Tram 4, 15 Rathaus | d4*

EUROPAALLEE

Zwischen Bahnhof und Pädagogischer Hochschule steht Zürichs Antwort auf Manhattan: Im neuesten Quartier der Stadt siehst du den Himmel nur noch, wenn du steil nach oben schaust. Im großen Einkaufszentrum und entlang der Allee: trendige Shops mit Bike-Equipment, Outdoor-Ausrüstung oder Waren, die alle frisch für dich abgefüllt werden. Die Europaallee ist ein guter Ausgangspunkt für Stadttouren: Bei 🚲 *Züri rollt (Tel. 04 44 15 67 67 | zueri rollt.ch)* kannst du Fahrräder gratis ausleihen. Das Depot an der Europaallee hat rund ums Jahr geöffnet, saisonal gibt es weitere Standorte an der

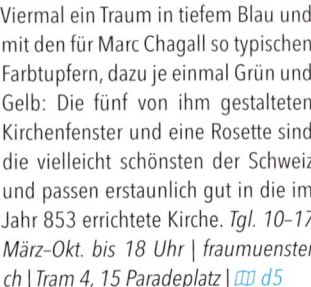

WOHIN ZUERST?

Der Hauptbahnhof ist eine Kathedrale für Züge. Aus dem Hauptportal fällst du auf die **Bahnhofstraße** *(c2–5),* die edelste Einkaufsmeile der Stadt mit vielen berühmten Schweizer Banken. Du überquerst den Paradeplatz, wo auch Lindt & Sprüngli seinen Hauptsitz hat. Nach nicht einmal 2 km stehst du am See. Vom Schifflände genannten Anleger Bürkliplatz legen Dampfer ab zur wasserseitigen Erkundung Zürichs.

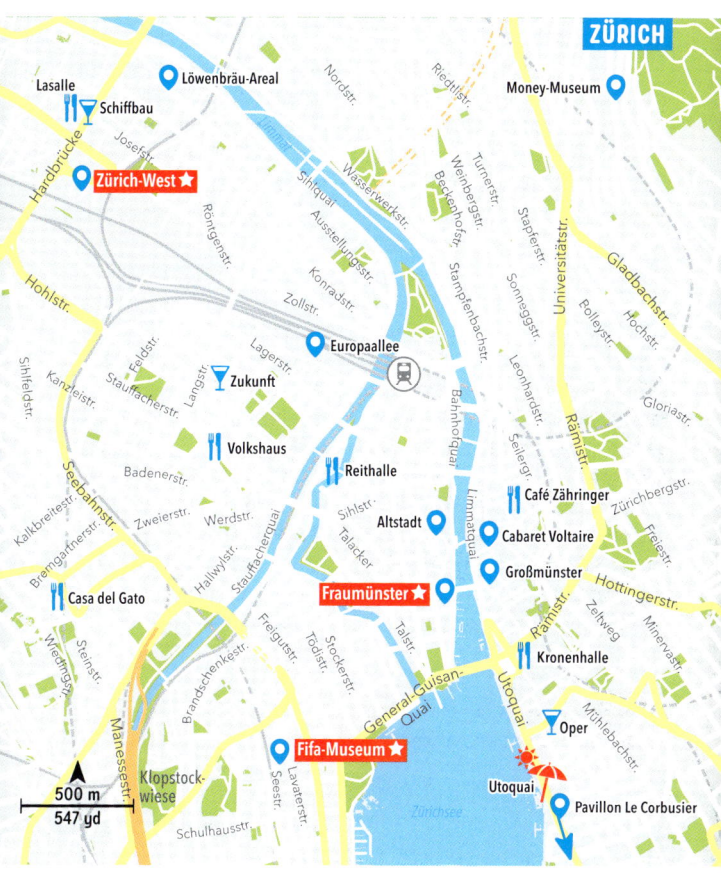

ZÜRICH

Lasalle
Schiffbau
Löwenbräu-Areal
Money-Museum
Zürich-West ★
Europaallee
Zukunft
Volkshaus
Reithalle
Café Zähringer
Altstadt
Cabaret Voltaire
Großmünster
Casa del Gato
Fraumünster ★
Kronenhalle
Oper
Fifa-Museum ★
Utoquai
Pavillon Le Corbusier
Klopstock-wiese

500 m
547 yd

Zürichsee

Pestalozziwiese und am Bahnhof En-
ge. *europaallee.ch* | ⌖ *b1–2*

ZÜRICH-WEST ★

Die frühere Industriebrache ist Zürichs
Hipsterviertel, voll kreativ, bunt und
immer überraschend. Am Fuß des
126 m hohen *Prime Tower* – Ausblick
aus Zürichs höchstem Gebäude von
der Restaurantbar *Clouds (clouds.ch)*
in der obersten Etage – beginnt die
Geroldstrasse (S-Bahn Hardbrücke) mit

ihren Höfen, in denen Start-ups, De-
signerläden und Biergärten ineinan-
derwachsen. Schief: der *Freitag-Tower
(Geroldstr. 17 | freitag.ch),* ein Turm
aus alten Schiffscontainern und gleichzeitig der Flagshipstore des Mode-
labels, das Taschen aus alten LKW-
Planen herstellt. Die Gartenwirtschaft
*Frau Gerolds Garten (tgl. | Geroldstr.
23 | fraugerold.ch)* ist die bekannteste
Adresse. Im Hof der Gartenbeiz *Zum
Gaul (So geschl. | Geroldstr. 35 | zum*

gaul.ch) mit ihrer superleckeren saisonalen Biofair-Küche ist es noch gemütlicher! Weiter die Straße runter gehts zum Viadukt, einer Hochbahntrasse, in deren Bogen sich auf 500 m Cafés, Fashion- und Möbelläden und eine Art Kirche für Ungläubige eingerichtet haben: das *Jenseits (Viaduktstrasse | Tram 4, 13, 17 Löwenbräu).* 📖 0

LÖWENBRÄU-AREAL

Früher Bierbrauerei, heute Zürichs Zentrum für Kunst. Über den alten Backsteinhallen steigen zwei moderne Türme empor. Die *Kunsthalle Zürich* stellt auf dem Gelände Zeitgenössisches und Modernes aus, das *Migros-Museum für Gegenwartskunst* ebendiese. Außerdem tummeln sich Ateliers und Kunstbuchläden hier – irgendwo ist immer etwas los. *Mo–Fr 8–20, Sa/So 10–18 Uhr | Kombiticket 20 Franken | Limmatstr. 268–270 | lowenbraukunst.ch | Tram 4, 13, 17 Löwenbräu |* 📖 0

MONEY-MUSEUM 👁

Wo, wenn nicht in Zürich sollte es ein Museum zum Thema Geld geben? Immerhin wird jeder fünfte Franken in Zürich im Banken- und Finanzsektor verdient. Im Money-Museum werden die Geschichte des Geldes und Geschichten hinter dem Geld erzählt – spannend! *Do/Fr n. V. unter Tel. 04 42 42 76 80 | Eintritt frei | Hadlaubstr. 106 | moneymuseum.ch | Tram 9, 10 Seilbahn Rigiblick |* ⏱ *1 Std. |* 📖 0

FIFA-MUSEUM ⭐ 👥

Hier hat der Fußball-Weltverband geklotzt: Mit viel Bling-Bling tauchst du

Volksnahe Küche gibts im Volkshaus: nämlich regional, saisonal, ursprünglich

ein in die Geschichte des Weltfußballs. Kommentier dein Lieblingsmatch in der Sprecherkabine, dribbel wie ein Fußballgott und nimm die Fußbälle in die Hand, mit denen 1930 die erste WM ausgetragen wurde: Wer damit köpfte, hatte tagelang Kopfweh! Große wie kleine Kinder vergnügen sich im riesigen Spielbereich. *Di–So 10–18 Uhr | Eintritt 24 Franken, Kinder 7–15 Jahre 14 Franken | Seestr. 27 | fifamuseum.com | Tram 5, 6, 7 Bahnhof Enge | ⏱ 1½ Std. | 🗺 0*

PAVILLON LE CORBUSIER

Geometrisch, farbig, gläsern-transparent: Das letzte Bauwerk des berühmten Architekten Le Corbusier gilt nicht umsonst als begehbare Skulptur. Extra für diesen Ausstellungspavillon hatte der in der Schweiz geborene Meisterbauer ein System entwickelt, das auf menschlichen Proportionen und dem Goldenen Schnitt basiert. Was das heißt, merkst du sofort, wenn du eintrittst und fast schon eins wirst mit dem Gebäude. Mehr über Le Corbusier verrät eine Ausstellung; am Hands-on-Tisch kannst du dich selbst ausprobieren. *Mai–Mov. Di–So 12–18, Do bis 20 Uhr. | Eintritt 12 Franken | Höschgasse 8 | pavillon-le-corbusier. ch | Tram 2, 4 Höschgasse | ⏱ 45 Min. | 🗺 0*

ESSEN & TRINKEN

CAFÉ ZÄHRINGER

Restaurant in der Altstadt mit leckerster, mediterran angehauchter Küche, Zutaten bio oder regional. Dazu ein kühles Turbinenbräu vom Fass! *Mo geschl. | Zähringerplatz 11 | Tel. 04 42 52 05 00 | cafe-zaehringer.ch | €€ | 🗺 d3*

KRONENHALLE

Wie zu Hause fühlen soll sich der Gast, so das Motto des seit 1924 betriebenen Restaurants – und so ist es auch! Schweizer Spitzenküche, an der Wand hängt Spitzenkunst – ein Erlebnis. *Tgl. | Rämistr. 4 | Tel. 04 42 62 99 00 | kronenhalle.ch | €€€ | 🗺 e5*

REITHALLE

Super Restaurant mit Schweizer Küche in der ehemaligen Reithalle, mit großem, grünem Biergarten; Teil des Kulturgeländes Gessnerallee. Von 12 bis 18 Uhr viele Tagesgerichte (auch vegetarisch) schon ab 20 Franken. *So-Mittag geschl. | Gessnerallee 8 | Tel. 04 42 12 07 66 | restaurant-reithalle. ch | €€ | 🗺 b3*

VOLKSHAUS

Stets saisonale Gerichte aus Bioprodukten. Besonders lecker sind die modern interpretierten Variationen schweizerischer Hausmannskost wie Kartoffelstampf, Hacktäschli oder Röstigerichte. *Tgl. | Stauffacherstr. 60 | Tel. 04 42 42 11 55 | restaurantvolkshaus. ch | €€ | 🗺 a3*

CASA DEL GATO

Aufgepasst, hier gibt es mehr als Katerfrühstück: Im ersten Zürcher Katzencafé kannst du den ganzen Tag lang lecker essen und gleichzeitig einen der fünf Kater streicheln. *Mo/Di geschl. | Kehlhofstr. 4 | Tel. 04 43 00 10 20 | casa-del-gato.ch | € | 🗺 0*

LASALLE

Französische und italienische Nobel-küche in der mit viel Stahl, Holz und Glas stilvoll aufgepeppten Maschinenhalle im alten Schiffbau. Ein Fest für Augen und Gaumen! *Sa-Mittag und So geschl. | Schiffbaustr. 4 | Tel. 04 42 58 70 71 | lasalle-restaurant.ch | €€€ | ⌑ 0*

SHOPPEN

Was darf es sein? Hippes, Schräges und Selbstdesigntes gibt es im *Viadukt* in Zürich-West. Im zentralen *Niederdorf* ist alles etwas hochpreisiger. Am tiefsten in die Tasche greifen musst du auf der Bahnhofstrasse und in der Europaallee.

In der *Marktlücke (Schipfe 24 | ⌑ d3 | markt-luecke.ch)* bekommst du Schickes wie einen Käsehobel aus Zwetschgenholz, recycelte Notizhefte oder gravierte Frühstücksbrettchen, die aus sozialen Projekten stammen. Das *Schweizer Heimatwerk (Bahnhofstr. 2 | ⌑ c5; Uraniastr. 1 | ⌑ d3 | heimatwerk.ch)* ist für seine hochklassigen handgemachten Designersouvenirs bekannt: Hier gibt es alles, was das Schweizerkreuz hergibt.

Und wenn du gerne in fremden Sachen stöberst, gibt es nichts Besseres als die Zürcher ✦ *Flohmärkte:* Der größte findet im Sommer jeden Samstag auf dem *Bürkliplatz (⌑ d6 | buerkli-flohmarkt.ch)* statt. Dann gibts noch den im *Rosenhof (⌑ d4 | rosenhof-markt.ch)* in der Altstadt oder den ganzjährigen immer samstags am *Helvetiaplatz (⌑ 0) (flohmarktkanzlei.ch).*

STRÄNDE

Sprungbretter, Sauna, Sonnenterrassen und ein See als Schwimmbecken – was will man mehr? Wenn die Sonne scheint, zieht es die Zürcher in die „Badis", die Badeanstalten am Zürcher See.

Keine Badi ist so schön wie das mehr als 120 Jahre alte Seebad ✦ *Utoquai (tgl. 7–20 Uhr | Eintritt 8 Franken | ⌑ 0):* Die einstigen Kuppeltürme des Gebäudes sind zwar 1942 entfernt worden, aber der hölzerne Bau mit Sauna und Gastronomie trägt seinen Titel als Badepalast immer noch zu Recht!

AUSGEHEN & FEIERN

Auf Gerold- und Viaduktstrasse ist jeden Abend etwas los, zumindest wenn es nicht regnet. Im Sommer lassen sich die Nächte wunderbar in den Gärten bei Getränken und Gesprächen verbringen; getanzt wird natürlich auch.

OPER

Zürich hat eine der berühmtesten Opern der Welt: Hier singen die Top-Acts, das Ballett ist virtuos und immer wieder werden neue Stücke extra für die Zürcher Oper komponiert. Du willst mal selber auf der Bühne stehen? Kein Problem, dafür gibts die Führungen *(Sa 15 und 15.30 Uhr),* die dich außerdem in Requisite, Schneiderei und Fundus führen. *Falkenstr. 1 | Tel. 04 42 68 66 66 | opernhaus.ch | Tram 2, 4, 5, 9, 10, 11 Opernhaus | ⌑ e6*

INSIDER-TIPP Verführt in der Oper

Begrünte Mauern, Designershops, Straßencafés: Das ist der Charme der Viaduktstrasse

ZUKUNFT

Hauptsache Rhythmus: In diesem angesagten Club legen die DJs Afrotech, Deep House oder Phuture Jazz auf. Genauso hip: Das „Wartezimmer" für die, die zu spät am Abend kommen, die dazugehörige *Bar 3000. Do–Sa, Bar 3000 Di–Sa | Dienerstr. 33 | zukunft.cl | 🗺 0*

SCHIFFBAU

Schiffsmotoren und Turbinen wurden früher in der alten Backsteinhalle in Zürichs wildem Westen zusammengeschweißt – heute hat das *Zürcher Schauspiel (schauspielhaus.ch)* hier eine spektakuläre Bühne und die Bar mit der längsten Theke der Stadt. Auch ein *Jazzclub* und das Restaurant *Lasalle* (s. S. 54) mit Straßentischen gehören zu diesem kulturell-kulinarischen Hotspot. *Schiffbaustr. 4–6 | Tram 4 Schiffbau | 🗺 0*

RUND UM ZÜRICH

🔳 RHEINFALL ⭐

45 km nördlich von Zürich/1 Std. mit der S 9 ab Hauptbahnhof

So rauscht und donnert nur der größte Wasserfall Europas: 150 m ist der Rheinfall breit, über den vor allem nach der Schneeschmelze wahre Wassermassen 23 m in die Tiefe stürzen. Besonders gut sieht man den Wasserfall vom *Schlössli Wörth* aus, wo auch die Boote zum Felsen mitten im Rheinfall abfahren *(April–Okt. | 20 Franken | rhyfall-maendli.ch)*. Etwas mehr für dich allein hast du den Rheinfall auf dem Weg vom Parkplatz 4 am Rhein entlang und von der anderen Seite des Rheinfalls im *Schloss Laufen* mit seinen Aussichtsplattformen. 🗺 H1

Erker, Fachwerk, Lüftlmalerei: kunterbunte Hausfassaden in Stein am Rhein

4 SCHAFFHAUSEN

50 km nördlich von Zürich/40 Min. mit der Bahn ab Hauptbahnhof

Das schnucklige mittelalterliche Städtchen ist mehr als nur der nahe Rheinfall! Nur ein paar Schritte sind es vom Bahnhof ins Zentrum der Altstadt zum *Fronwagplatz*. In der *Kaffeemacherei Bohnenblühn (So/Mo geschl. | Webergasse 5 | bohnenbluehn.ch)* kannst du einen Kaffee aus der eigenen Rösterei genießen, bevor du das fast 1000 Jahre alte *Kloster Allerheiligen* mit seinem Kräutergarten, den Bogengängen und dem *Museum (Di–So 11–17 Uhr | Klosterstr. 16 | Eintritt 12 Franken | allerheiligen.ch)* besuchst. Dann gehts steil bergauf: zur 👹 *Festung Munot (tgl. 9–17, im Sommer 8–20 Uhr | Eintritt frei),* die mitten in einem Weinhang über der Stadt thront. Die alten Gewölbe liegen im Dämmerlicht

und sind ein Hit für Kids! Vom Festungshof aus sieht man über den Rhein, im Sommer gibts hier Imbissstände. Unterhalb der Festung kannst du im *Güterhof (tgl. | Freier Platz 10 | Tel. 05 26 30 40 40 | gueterhof.ch | €€)* am Rhein Schweizer Spezialitäten schlemmen. ▥ *H–J1*

5 STEIN AM RHEIN 🚩

55 km nordöstlich von Zürich/ 1 Std. 5 Min. mit der Bahn ab Hauptbahnhof

Ein Städtchen wie ein Freilichtmuseum: Fachwerk, bunt bemalte Fassaden, Erker. Im *Museum Lindwurm (März–Okt. tgl. 10–17 Uhr | Eintritt 5 Franken | Understadt 18 | museumlindwurm.ch | ⏱ 30 Min.)* kannst du hinter die Hauswände in eine Wohnstube vor mehr als 150 Jahren gucken. Nebenan im *Chretzeturm* leben und schreiben ausgewählte Literaten. Gut 40 Minuten brauchst du für den Aufstieg zur als Restaurant genutzten *Burg Hohenklingen (Mo, Okt.–April auch Di geschl. | Tel. 05 27 41 21 37 | burghohenklingen.com | €€–€€€),* die über Stein thront.

Lust auf Megaspaß? Dann ist  Kuhtrekking dein Ding. Mal ehrlich: Ponyreiten kann jeder – aber wer ist schon mal auf einer Kuh geritten? Die Begleiter erklären, worauf man achten muss. Dann gehts eineinhalb bis vier Stunden über Felder, Wiesen und am Rhein entlang: *Biohof Bolderhof (Hemishofen | ab 95 Franken | bolderhof. ch).* ▯ *J1*

6 SCHLOSS HALLWYL

40 km westlich von Zürich/45 Min. über die A 3 und N 1

Nicht über eine, nicht über zwei, gleich über drei Inseln erstreckt sich die Anlage des vielleicht schönsten Wasserschlosses der Schweiz. Vom Bogenschießen bis zum Brotbacken, irgendwas wird hier immer geboten. Und klar, es gibt auch ein Museum, das die Geschichte derer von Hallwyl erzählt. *Di–So 10–17 Uhr | Eintritt 14 Franken, Kinder 8 Franken | museumaargau.ch | ⏱ 1½ Std. | ▯ G3*

ST. GALLEN

(▯ K–L2) **Mehr als 1400 Jahre ist die Stadt St. Gallen alt, aber doch auch richtig jung: Das liegt an der Universität, eine der renommiertesten der Schweiz.**

Knapp 80 000 Menschen leben im Zentrum der Ostschweiz, nur eine Viertelstunde vom Bodensee entfernt.

SIGHTSEEING

STIFTSBEZIRK & STIFTSBIBLIOTHEK

Das Viertel im Herzen der Altstadt rund um die zweitürmige *Stiftskirche St. Gallus und Otmar* (Ersterer, ein irischer Mönch, soll 612 dort eine Einsiedelei gegründet haben, aus der die Stadt entstand) gehört zum Unesco-Weltkulturerbe. Die Kathedrale, Wahrzeichen der Stadt, ist ein prachtvoller Barockbau aus dem 18. Jh. Ein Tempel für Bücher ist die ★ *Stiftsbibliothek (tgl. 10–17 Uhr, Führungen tgl. 14, Ju-*

Bücher und Barock: Die Stiftsbibliothek in St. Gallen gehört zum Unesco-Welterbe

Blumenwiese, Berggipfel, Gasthaus: Das Appenzeller Land ist die Schweiz als Bilderbuch

li/Aug. auch 11 und 15 Uhr | Eintritt 18 Franken | Klosterhof 6d | stibi.ch | ⏱ 1 Std.): 170 000 Handschriften, Folianten und Inkunabeln lagern in diesem schönsten Barocksaal der Schweiz. Wetten, der raubt auch dir den Atem? Du solltest unbedingt an einer der Führungen teilnehmen oder einen Audioguide (5 Franken) ausleihen!

ESSEN & TRINKEN

LAGERHAUS
Gegrilltes (viel Edles, aber auch die berühmte St. Galler Olma-Bratwurst mit Zwiebelsauce) im alten Zollfreilager. Tolle Atmosphäre! *So/Mo und Sa-Mittag geschl. | Davidstr. 42 | Tel. 07 12 23 70 07 | restaurantlagerhaus. ch | €€*

MILITÄRKANTINE
Das hätten sich die Soldaten nie träumen lassen: In der umgebauten Mili-
tärkaserne im Kreuzbleichepark kannst du hervorragend essen (bio und regional!). Großartig: das üppige Frühstück, angerichtet auf einer Etagere – da kann der Tag kommen. *Tgl. | Kreuzbleicheweg 2 | Tel. 07 12 79 00 00 | militaerkantine.ch | €€€*

INSIDER-TIPP
Fettes Frühstück

RUND UM ST. GALLEN

7 BODENSEE
15 km bis Arbon nördlich von St. Gallen/20 Min. über die A 1
Das romantische Städtchen *Arbon* am Obersee, voll von restaurierten Fachwerkhäusern mit eigenen Namen, ist der schönste Ort am Schweizer Bodensee-Ufer. Im Schloss ist das *Historische*

Museum (So, Mitte Juni–Mitte Sept. tgl. 14–17 Uhr | Eintritt 6 Franken | museum-arbon.ch) untergebracht. Rundherum wachsen so viele Äpfel, dass die Schweizer die Region scherzhaft und ziemlich sinnfrei „Mostindien" nennen. In der Mosterei Möhl (St. Gallerstr. 213 | moehl.ch) kannst du bei einer Führung zuschauen, wie Most und Apfelbrand entstehen – probieren inbegriffen.

In Staad steht das letzte Gebäude von Friedensreich Hundertwasser: die knuffige, kunterbunte ☂ Markthalle Altenrhein (markthalle-altenrhein.ch) mit goldenen Türmchen, Restaurant und Galerie. Ausführliche Informationen findest du im MARCO POLO BAND „Bodensee". *K–L2*

8 APPENZELL

18 km südlich von St. Gallen/25 Min. über Teufen

Die Schweiz wie aus dem Bilderbuch: hügelige Landschaft, bunt bemalte Häuschen und ganz viel Tradition! In Appenzell (5800 Ew.) wird unter der Gerichtslinde auf dem von Holzhäusern umgebenen Landsgemeindeplatz bis heute über wichtige Angelegenheiten per Handzeichen abgestimmt. Wie man den berühmten Appenzeller herstellt, ist angeblich ein streng gehütetes Geheimnis. Der Käser in der 🧀 Alpschaukäserei (Mi und So 14 Uhr | Eintritt 12 Franken, Kinder 7 Franken | Dorf 711 | schaukaeserei.ch) im nahen Stein verrät es trotzdem – aber nicht weitersagen!

Mittendrin im Appenzeller Land: der Alpstein mit dem gut 2500 m hohen Säntis: In nur zehn Minuten bringt dich die Panoramakabine (saentisbahn.ch) von der Schwägalp auf den Gipfel. Von oben genießt du den Blick über den gesamten Bodensee! *L2–3*

9 LIECHTENSTEIN

70 km südöstlich von St. Gallen/ 50 Min. über die A 1 und A 13

Nicht einmal eine Stunde dauert es von St. Gallen in den sechstkleinsten Staat der Erde. Und der ist ganz schön oho. Das Schloss in der Hauptstadt Vaduz kannst du zwar nur von unten bestaunen (oben leben der Fürst und seine Familie), die Schatzkammer (Di–So 10–17, Mi bis 20 Uhr | Eintritt 8 Franken | Städtle 37 | schatzkammer.li) auf der Städtle genannten Hauptstraße steht Besuchern aber offen, ebenso das Landesmuseum (Di–So 10–17, Mi bis 20 Uhr | Eintritt 10 Franken | Städtle 43 | landesmuseum.li).

Spektakulär – architektonisch und vom Inhalt her – sind die beiden modernen, kubischen Bauten des ★ Kunstmuseums Liechtenstein (Di–So 10–17, Do bis 20 Uhr | Eintritt 15 Franken | Städtle 32 | kunstmuseum.li). Hier hängen Werke von Pablo Picasso, Max Beckmann, Joan Miró und vielen anderen berühmten Malern aus dem 19.–21. Jh. Unbedingt im lichtdurchfluteten Foyer noch etwas trinken!

Obwohl Liechtenstein verhältnismäßig dicht besiedelt ist – die 37 500 Ew. verteilen sich auf nur 160 km² –, gibt es vor allem in den Bergen viele Wanderwege. Informationen gibts im Liechtenstein Center (tgl. 9–17, im Sommer bis 18 Uhr | Städtle 39 | tourismus.li). *L3*

BERN & INNERSCHWEIZ

UNTERWEGS IM HERZ DER SCHWEIZ

Schneebedeckte Gipfel, türkis glitzernde Seen, prächtige Burgen und urige Holzhütten: Hier ist die Schweiz wie gemalt. Nicht weit von Luzern soll die Eidgenossenschaft 1291 gegründet worden sein, als Uri, Schwyz und Unterwalden auf dem Rütli am Vierwaldstätter See einen Bund gegen die Habsburger Vögte schworen. Unangefochtener Held des Kampfs: Wilhelm Tell, der den tyrannischen Landvogt Gessler mit seiner Armbrust erschoss. So will es jedenfalls die Sage, die Historiker vehement bezweifeln. Egal: Wenn

Hier sieht die Schweiz noch aus wie auf der Fototapete: Bergsee im Berner Oberland

sich morgens der Nebel über den sattgrünen Bergwiesen langsam lichtet und die Sonne ihren märchenhaften Schein verbreitet, ist man geneigt, dem Mythos zu glauben.

Politisches Herz der Schweiz ist Bern. Die Stadt, nur die fünftgrößte im Land, besticht durch ihre Vielfalt auf engem Raum – und durch ihre traumhafte Lage. Am Horizont: Alpengipfel. Das Berner Oberland ist ein Traumziel – winters wie sommers wird viel geboten. Nur Stress kennt man hier nicht.

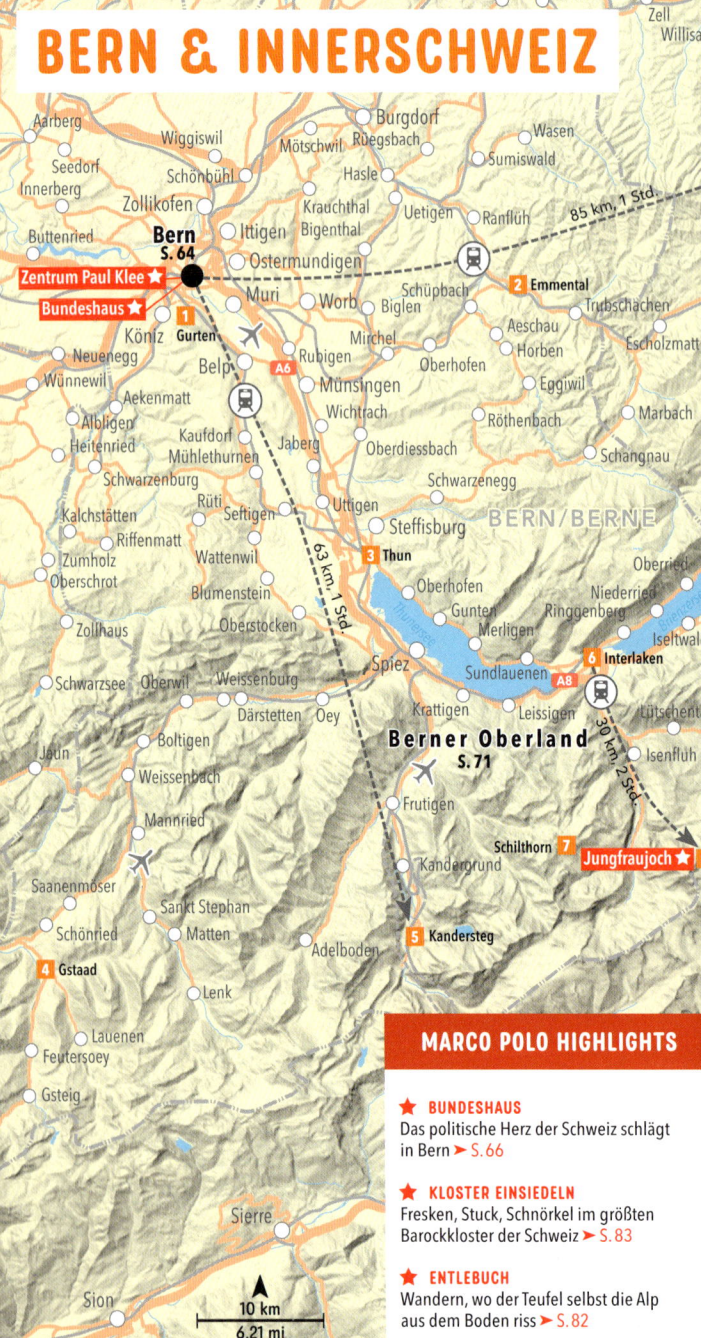

BERN & INNERSCHWEIZ

Ursenbach
Rohrbach
Zell
Willisau

Aarberg
Wiggiswil
Mötschwil
Burgdorf
Rüegsbach
Wasen
Sumiswald

Seedorf
Schönbühl
Hasle

Innerberg
Zollikofen
Krauchthal
Uetigen
Ränflüh
85 km, 1 Std.

Butzenried
Ittigen
Bigenthal

Bern S. 64

★ **Zentrum Paul Klee** ★
Ostermundigen

Bundeshaus ★
Schüpbach
2 Emmental
Trübschachen

1
Muri
Worb
Biglen
Aeschau
Escholzmatt

Köniz
Gurten
Mirchel
Horben
Eggiwil
Marbach

Neuenegg
Belp
Rubigen
Oberhofen
Röthenbach
Schangnau

Wünnewil
A6
Münsingen
Wichtrach
Schwarzenegg

Aekenmatt
Wichtrach
Oberdiessbach

Albligen
Kaufdorf
Jaberg
BERN/BERNE

Heitenried
Mühlethurnen

Schwarzenburg
Rüti
Seftigen
Uttigen
Steffisburg

Kalchstätten
Wattenwil
3 Thun
Oberried

Zumholz
Riffenmatt
Blumenstein
Oberhofen
Niederried
Ringgenberg
Iseltwald

Oberschrot
Oberstocken
Gunten
Merligen
Sundlauenen
6 Interlaken

Zollhaus
Spiez
A8

Schwarzsee
Oberwil
Weissenburg
Krattigen
Leissigen
Lütschental

Joun
Boltigen
Därstetten
Oey
Berner Oberland S. 71
Isenfluh

Weissenbach
Frutigen
Schilthorn **7**
Jungfraujoch ★ **8**

Mannried
Kandergrund
30 km, 2 Std.

Saanenmöser
Sankt Stephan
5 Kandersteg

Schönried
Matten
Adelboden

4 Gstaad
Lenk

Lauenen
Feutersoey

Gsteig

Sierre

Sion

10 km
6.21 mi

MARCO POLO HIGHLIGHTS

★ **BUNDESHAUS**
Das politische Herz der Schweiz schlägt
in Bern ➤ S. 66

★ **KLOSTER EINSIEDELN**
Fresken, Stuck, Schnörkel im größten
Barockkloster der Schweiz ➤ S. 83

★ **ENTLEBUCH**
Wandern, wo der Teufel selbst die Alp
aus dem Boden riss ➤ S. 82

63 km, 1 Std.

⭐ **ZENTRUM PAUL KLEE**
Am Stadtrand von Bern: draußen gläserne
Wellen zwischen Obstbäumen, drinnen
Kunst ➤ S.68

⭐ **JUNGFRAUJOCH**
Im Zug durch die Eigernordwand bis fast
auf den Jungfraugipfel ➤ S.74

⭐ **RIGI**
Die Königin der Berge ➤ S.82

⭐ **VERKEHRSHAUS DER SCHWEIZ**
Roboter, U-Boot und eine Reise durch die
Galaxis: Das spektakulärste Museum der
Schweiz steht in Luzern ➤ S.78

⭐ **REICHENBACHFALL**
Dort staunen, wo Sherlock Holmes einst
den Tod fand ➤ S.76

⭐ **VIERWALDSTÄTTER SEE**
Wo die Schweiz gegründet wurde ➤ S.77

Die Schweizer Hauptstadt von oben: Blick auf Berns Altstadt an der Aare

BERN

(⌂ E–F4) **In Bern ist der Bär los. Wirklich! Das Wappentier von Bern vergnügt sich mit seinen Artgenossen im Bärenpark gleich an der Aare.** Dabei haben die Berner Glück, dass ihre Heimat heute nicht etwa Wildschweiningen heißt. Denn der Legen-

de nach wollte Erzherzog Berchtold von Zähringen die 1191 von ihm gegründete Stadt schlicht nach dem Tier benennen, das er zuerst erlegte. Sein Pfeil traf einen Bären und so heißt Bern heute Bern.

133 000 Menschen leben in der Schweizer Bundesstadt, die seit 1848 genau so viel Hauptstadt ist, wie die im Heimatkanton verankerten Eidgenossen sich und ihrem Bund zumuten wollten. Vor allem aber ist Bern eine Stadt zum Wohlfühlen! Hier hetzt dich niemand, die Entfernungen sind gering. Auf zu einem Bummel durch die Laubengänge, von denen Bern einige Kilometer hat – und die Gewölbekeller darunter gehören auch dazu. Erfrischend: die mehr als 100 Brunnen überall in der Stadt. Wenn es dir dann immer noch zu heiß ist, einfach in die Aare springen. Und weil du schon mal da bist: Sag den Bären Hallo!

WOHIN ZUERST?

Vom Bahnhof aus direkt rein in die den Fußgängern vorbehaltene **Altstadt**: Der Bundesplatz mit seinen Wasserspielen am unteren Ende des Bärenplatzes ist nur ein paar Minuten entfernt. Von dort gehst du die Marktgasse hinunter bis zum Zytgloggeturm und schaust unterwegs schon mal in die Laubengänge.

SIGHTSEEING

ALTSTADT

Ein Einkaufsbummel bei strömendem Regen? Unter den ☔ Arkaden, die in Bern Laubengänge heißen, kein Problem! Über 6 km, 14 Arkaden inklusive, erstrecken sie sich zwischen Bahnhofplatz und Nydeggbrücke. Nicht vergessen, durch die offenen Luken in die Gewölbe zu gucken, wo ebenfalls Händler und Cafés auf Kundschaft warten.

Ein paar ausgiebige Blicke solltest du dann auch noch auf die besonders reich verzierten historischen Brunnen werfen. Der wohl schrägste unter ihnen ist der *Kindlifresserbrunnen* auf dem Kornhausplatz: Tatsächlich – auf dessen Spitze verschlingt eine allegorische Figur ein nacktes Kind. Gleich neben dem Eingang zum Rathaus wirst du dann selbst zur Brunnenfigur:

INSIDER-TIPP
Selfie-Brunnen

Treppchen rauf auf den Brunnenturm, ordentlich posen und abdrücken – fertig ist der Post!

ZYTGLOGGETURM

Wenn der Hahn kräht und mit den Flügeln schlägt, dann ist es vier Minuten vor der vollen Stunde und die Bären setzen sich in Bewegung. Nach dem Zeitglockenturm, dem Wahrzeichen der Stadt, stellten im Mittelalter alle Berner ihre Uhren, Entfernungen wurden von hier aus gemessen. Figurenspiel und astronomische Uhr baute Kaspar Brunner zwischen 1527 und 1530 – und sie laufen bis heute. *Kramgasse*

MÜNSTER

1421, nicht lange nachdem ein Feuer die Stadt 1405 niedergebrannt hatte, wurde der Grundstein fürs Berner Münster gelegt – auf einem Friedhof.

Wenn der Hahn kräht: der Zytgloggeturm

1575 war die prächtige Kirche im spätgotischen Stil vorerst fertig, nur die Turmspitze in 101 m Höhe wurde erst 1893 ergänzt: Die Bauleute hatten Angst, dass die Kirche zusammenstürzt. Einmal tief durchatmen – und dann die 344 Treppenstufen auf den *Münsterturm* steigen, vorbei an den sieben Glocken. Von der oberen Galerie wirst du belohnt mit einem Blick bis zu den Alpen. Zurück am Boden dann unbedingt noch das Westportal und das darin eingemeißelte Jüngste Gericht ansehen! In der Mitte steht der Erzengel Michael mit der Seelenwaage, links die seligen Jungfrauen, rechts die verdammten. *Kernzeit tgl. 12–16 Uhr | Turm 5 Franken | berner muenster.ch*

MATTEQUARTIER ⚑

In dem ehemedem verrufenen Viertel am Aareufer lebten Fischer, Fuhrmänner, Träger und all jene, die gar nichts hatten. Weil die Bewohner von überallher stammten, verständigten sie sich in ihrer eigenen Sprache. In dieser „Mattenenglisch" genannten Geheimsprache ist vor der Schifflaube 34 eine Platte eingelassen, auf der übersetzt steht: „Hier ist das Fass mit den Goldstücken nicht vergraben!" Was das bedeutet? Ein Geheimnis …

Kein Geheimnis ist die heutige Schönheit des Viertels, vor allem an Sonnentagen, wenn der Fluss glitzert und eine Brise vom Wasser herüberweht. Am einfachsten steigst du vom Münster die langen Treppen herab oder nimmst den *Mattelift (1,50 Franken | mattelift.ch).*

BÄRENPARK 🐻 🐾

Papa Finn, Mama Björk und Tochter Ursina: Fertig ist die Braunbärenfamilie, die im naturnahen Freigehege an der Aare lebt. Auf dem 6000 m² gro-

ßen Gelände können die Bären spielen, klettern und sich auch zurückziehen. Doch meist lassen sie sich einfach die Sonne auf den Pelz scheinen. *Großer Muristalden 6 | Eintritt frei | tier park-bern.ch*

KUNSTMUSEUM

2014 wurde das Kunstmuseum Bern um knapp 1500 Kunstwerke reicher: Da trat es das – vorläufige – Erbe von Cornelius Gurlitt an, dem Sohn eines umstrittenen Kunsthändlers aus der NS-Zeit. Der Nachlass ist jetzt digital erfasst, die Herkunft der Werke und das Problem der Raubkunst werden dabei thematisiert. Auch sonst lohnt sich ein Besuch: Bilder von Albert Anker, Arnold Böcklin, Ferdinand Hodler, Félix Vallotton, Adolf Wölfli und vielen anderen Schweizer Malern bilden neben moderner Kunst den Schwerpunkt der ständigen Sammlung. *Di 10–21, Mi–So 10–17 Uhr | Eintritt 10 Franken, inkl. Wechselausstellungen 24 Franken | Hodlerstr. 12 | kunst museumbern.ch |* ⏱ *1½ Std.*

BUNDESHAUS ★

Schweizer Politik gilt im Volksmund als „zum Gähnen spannend" – spannend, weil das Volk immer wieder in Abstimmungen Überraschendes entscheidet. Zum Gähnen, weil Politiker genau deshalb so viel mehr auf Ausgleich bedacht sind als etwa in Deutschland. Wenn du sehen willst, wie in den beiden Kammern des Schweizer Parlaments (nicht) gestritten wird, dann kannst du das in der Sitzungszeit von der Besuchertribüne des Bundeshauses aus tun.

Alternativ lernst du den imposanten, 1902 eingeweihten Kuppelbau über der Aareschlaufe auf einer einstündigen, kostenlosen ☂ *Führung (Di–Sa 15, Mi, Fr auch 11.30 Uhr | Anmeldung auf parlament.ch)* kennen. Es lohnt sich, denn das Bundeshaus und seine Geschichte sind alles andere als zum Gähnen! 38 Künstler aus allen Kantonen haben das Gebäude gestaltet, mit dessen Bau 1852 begonnen wurde. Erst vier Jahre vorher war Bern zur Bundesstadt gewählt worden und das Bundeshaus sollte das Symbol der vielfältigen und geeinten Schweiz werden. Vor dem Prachtbau spritzen 👾 Wasserfontänen in die Höhe, ein Kindermagnet. Wie viele? 26 natürlich – schließlich soll auch bei den Wasserspielen kein Kanton zu kurz kommen.

ALPINES MUSEUM

Kletterst du gerne? Die Schweizer auch, schon seit weit mehr als 100 Jahren. Wie Kletterpartien früher aussahen, zeigen Fotos, Karten, Filmdokumente, dazu Specials wie der erste begehbare Bergfilm der Welt. *Di–So 10–17 Uhr | Eintritt 18 Franken | Helvetiaplatz 4 | alpinesmuseum.ch |* ⏱ *1 Std.*

EINSTEIN-MUSEUM 👾

In den Hallen des Bernischen Historischen Museums hat der vielleicht berühmteste, auf jeden Fall genialste Berner sein eigenes Museum bekommen: Auf 1000 m² wird das Leben des Physikers vorgestellt, der in Bern 1905 erstmals seine berühmte Formel $e=mc^2$ beschrieb. Was er damit meinte, zeigen Experimente, Filme und eine virtuelle Reise in den Kosmos – spannend und ein absoluter Familienhit! *Di–So 10–17 Uhr | Eintritt 18 Franken | Helvetiaplatz 5 | bhm.ch |* ⏱ *1½ Std.*

TIERPARK DÄHLHÖLZLI

Steinböcke, Luchse, Biber, Uhus und viele andere (nicht nur) einheimische Tiere leben hier und haben dafür richtig viel Platz. Stege führen zu offenen Gehegen die Aare entlang. Eine grüne Oase zum Durchatmen und Ausspannen! *März–Mitte Okt. tgl. 8.30–19, Mitte Okt.–Feb. 9–17 Uhr | Eintritt 10 Franken, Kinder 6 Franken | tierpark-bern.ch*

ZENTRUM PAUL KLEE ⭐

Drei gläserne Wellen mitten in einem blühenden Park aus Obstbäumen: So hat Architekt Renzo Piano das Museum am Stadtrand angelegt. 4000 der auf 10 000 geschätzten Kunstwerke des Malers, Musikers und Philosophen sind unter den Glasdächern versammelt. Doch das Zentrum ist nicht nur ein Museum, hier passiert ständig was: Es gibt Ateliers, Tänze, Musik. *Di–So 10–17 Uhr | Eintritt 20 Franken | Monument im Fruchtland 3 | zpk.org |* ⏱ *1¾ Std.*

KINDERMUSEUM CREAVIVA

Das Klee-Museum mit den farbenfrohen Bildern ist ja schon toll – aber im angeschlossenen Creaviva können Kinder ab vier Jahren zu Farben und Pinsel, aber auch zu anderen Materialien greifen und selbst Kunst machen (anmelden!). Und das ist noch nicht

Direkt über der rauschenden Aare brutzeln Steaks und dampfen Suppen: Schwellenmätteli

alles: Die interaktiven Ausstellungen im Creaviva sind extra für Kinder gemacht. *Di–So 10–17 Uhr, Ateliers Di–So 14 und 16, Sa/So auch 12 Uhr | Atelierkurs 15 Franken | Monument im Fruchtland 3 | Tel. 03 13 59 01 61 | creaviva-zpk.org*

ESSEN & TRINKEN

SCHWELLENMÄTTELI

Essen mit Aussicht auf Altstadt und Münster: Auf der Terrasse über dem tosenden Aarewehr schmecken frischer Fisch, Steak oder Wirsingwickel gleich doppelt so gut. *Tgl. | Dalmazikai 11 | Tel. 03 13 50 50 01 | schwellenmaetteli.ch | €€*

ALTES TRAMDEPOT

Früher wurden hier Berns Straßenbahnen abgestellt, heute wird Bier gebraut. Dazu gibts passend Zünftiges: Spätzli, Rösti, Bratwürste und auch vegetarische Linsenburger. *Tgl. | Grosser Muristalden 6 | Tel. 03 13 68 14 15 | altestramdepot.ch | €*

KORNHAUSKELLER

In dem barocken Gewölbe unter dem antiken Kornhaus diniert man mit Stil. Was das heißt? Zum Beispiel Felchenfilets mit Pfifferlingen, ein Châteaubriand oder Chalbsläberli (Kalbsleber) mit Röschti. Einer der 800 im Keller gelagerten Weine passt garantiert dazu! *Tgl. | Kornhausplatz 18 | Tel. 03 13 27 72 72 | kornhaus-bern.ch | €€€*

JOSEPHINE BRASSERIE

Hier isst du in der Stadt, aber gefühlt auf dem Land: Zum edlen Restaurant im Landhotel Innere Enge gehört der Panoramablick auf die Hauptstadt und die Alpen, bei gutem Wetter wird im Garten gegrillt. Abends werden im Keller Saxofon, Trompeten und Klavier ausgepackt: Dann wird gejazzt! *Marians Jazzroom (mariansjazzroom.ch),* der wohl bekannteste Jazzkeller der Schweiz, genießt bei Fans weltweit einen exzellenten Ruf. *Tgl. | Engestr. 54 | Tel. 03 13 09 61 11 | innere-enge.ch | €€€*

SHOPPEN

Die *Rathausgasse* ist voll von kleinen Läden: Antiquariate, ein Käseladen, der *Streetbelt*-Store mit seinen originellen Gürteln. Besonders schön: das *Drachenäscht (Rathausgasse 52 | fata morgana.ch),* in dem das Team von Urs Hostettler Spiele aus der eigenen Werkstatt verkauft. Auf der *Kramgasse* findest du das *Heimatwerk (Kramgasse 61 | heimatwerk-bern.ch)* mit seinen „ächt schwyzerischen" Souvenirs – kreativ, natürlich und in der Schweiz statt in China gemacht.

Dienstags und samstags vormittags ist Markt auf dem *Bundesplatz,* dem *Bärenplatz* und den umliegenden Gassen. Kitsch und Kostbarkeiten gibts auf den Flohmärkten im *Tramdepot (März–Okt. letzter Sa im Monat | Thunstr. 106),* in der großen Halle der *Reitschule (Juni–Nov. 1. So im Monat | Neubrückstr. 8)* oder in der *Matte (Mai–Okt. 3. Sa im Monat | Mühlenplatz).*

SPORT & SPASS

Wenn dir beim Stadtbummel irgendwann die Füße qualmen, zück einfach dein Handy und schau auf der Publibike-App *(publibike.ch)* nach: Bei 210 Stationen ist ganz sicher auch eine in deiner Nähe! Die Hälfte der Flotte sind E-Bikes: Mit denen kannst du ab 5 Franken ganz entspannt die Stadt mit bis zu 25 km/h erobern.

Wenn die Sonne sticht und die Mittagspause naht, springen die Berner in die Aare. Im ☻ *Marzilibad (Mai-Sept. tgl. 8.30–19 Uhr | Eintritt frei | Marzilistrasse | aaremarzili.info)* führen Treppen und Haltestangen in den Fluss. Wer sich treiben lässt: Auf das Schild achten, das den letzten Ausstieg anzeigt! Im ☻ *Lorrainebad (Juni-Aug. tgl. 8.30–20, Mai und Sept. 8.30–19 Uhr | Eintritt frei | Uferweg)* badest du in Becken, die mit ungechlortem Aarewasser gefüllt sind.

AUSGEHEN & FEIERN

KURT & KURT

Blickfang bei den Kurts ist das Whiskyregal: Mehr als 200 Flaschen sind hier aufgereiht. Und dann wären da noch 50 Ginsorten, von Rum und Absinth gar nicht zu sprechen. Zum Ausnüchtern gibts samstags dann einen zünftigen Brunch. *So/Mo geschl. | Aarbergergasse 28 | kurtundkurt.ch*

TURNHALLE

Turnhose zu Hause lassen – obwohl, leger ist schon okay in dieser gemütlichen Bar nicht weit vom Hauptbahnhof. Drinnen Industriekathedrale, draußen lauschiger Hof und dazu das Lachen und Schwatzen von Dutzenden Gästen. Gemütlich eben. Für Essen sorgt die hauseigene Pittaria. *Tgl. | Speichergasse 4 | turnhalle.ch*

RUND UM BERN

1 GURTEN

5 km südlich von Bern/30 Min. mit der S 3/S 31 und der Gurtenbahn ab Hauptbahnhof

Auf den Berner Hausberg gehts ab Wabern mit der *Gurtenbahn (Mo–Sa 7–23.45 Uhr, So 7–20.15 Uhr | Hin- und Rückfahrt 11 Franken).* 858 m über Bern hast du einen Rundumblick und es gibt mehrere Gaststätten (besonders beliebt: der Sonntagsbrunch). Im Kulturlokal *UPtown* und auf der Gurtenbühne ist immer was los, Konzerte und andere Veranstaltungen das ganze Jahr über. *gurtenpark.ch* | ⊞ *E4*

2 EMMENTAL

35 km bis Affoltern nordöstlich von Bern/45 Min. über Hasle

Wogende grüne Hügel, Kühe und natürlich Käsereien: Das Emmental ist ländliche Schweiz pur. Vom 1406 m hohen *Napf* bekommst du den Überblick. In der ⚑ *Schaukäserei Affoltern (tgl. 9–17, April-Okt. bis 18.30 Uhr | Audioguide 10 Franken | emmentaler-schaukaeserei.ch)* wird das Geheimnis des Emmentaler Käses gelüftet. Wie, ist das alles? Nein! Täglich um 14 Uhr kannst du selbst anpacken und Käse machen –

Nein, so kommen die Löcher nicht in den Käse! Probenahme in der Schaukäserei Affoltern

wie das geht, verrät ein Profi *(10 Franken)*. Und kein Käse: Es gibt tatsächlich eine app-geführte Käseroute *(kaeserou te.ch, emmental.ch),* auf der du das Emmental ganz intensiv kennenlernst, vorzugsweise auf dem E-Bike. 🔲 *F4*

BERNER OBERLAND

(🔲 E–G 5–6) **Nur 20 Minuten Fahrt ab Bern und du stehst am Ufer des Thuner Sees: Die Stadt ist vergessen, die Gipfel sind zum Greifen nah. Nirgendwo sonst in der Schweiz ist die Vielfalt der Alpen so unkompliziert zu erkunden wie im Berner Oberland.**

ZIELE IM BERNER OBERLAND

3 THUN

Was für eine Stimmung! Im Sommer, wenn die Cafés am Aareufer ihre Tische aufstellen und der Wind kühlend vom See her weht, ist das mittelalterliche Städtchen besonders gut zu seinen Gästen. Über das Rathuusbrüggli gehts in die Altstadt, wo Lauben bis zum Rathaus und dem *Thuner Schloss (April–Okt. tgl. 10–17, Nov.–Jan. So 13–16, Feb./März tgl. 13–16 Uhr | Eintritt 10 Franken | schlossthun.ch)* führen, das erhaben über der Altstadt thront. Schweißgebadet? Dann kannst du dich im *Strandbad (Mai–Aug. Mo–Fr 7–20, Sa/So 7–19, Sept. tgl. 7–19 Uhr | Eintritt 6 Franken | Strandbadweg 10)* mit Bergblick abkühlen. 🔲 *F5*

Vor der Terrasse schäumt die Aare, im Glas das Bier: Restaurants in der Thuner Altstadt

4 GSTAAD

Hier machen die Reichen und Berühmten ihre Skiferien, vor allem im exklusiven *Gstaad Palace Hotel,* das mit seinen Türmchen an ein Märchenschloss erinnert. Wer von uns nicht aus Hollywood kommt, sollte hier zumindest mal standesgemäß einen Nachmittagstee einnehmen. Die wirkliche Sensation aber ist das (autofreie) Dorf, das sich – seit Hunderten Jahren nahezu unverändert – auf einer breiten, sanften Talsohle ausstreckt. Wer nach all dem Luxus ein bisschen Aufregung nötig hat: Auf der nahen Saane lässt es sich hervorragend raften. Auch fürs Mountainbiking eignet sich die Landschaft perfekt: Informationen im *Haus des Gastes (gstaad.ch).* 🗺 *E6*

5 KANDERSTEG

Anfang des 20. Jhs. begann in Kandersteg der Alpentourismus: Bevor die Touris vor allem aus England kamen, wäre hier niemand auf die verrückte Idee gekommen, Holzbretter unter die Füße zu schnallen und bergab zu rutschen! Um das zu feiern, drehen die Kandersteger einmal im Jahr die Zeit zurück: In der letzten Januarwoche wird im Dorf und im Belle-Époque-Hotel *Victoria Ritter (Äussere Dorfstr. 2 | hotel-victoria.ch)* die goldene Zeit zurückgeholt. Dann stolzieren Herren mit Zylinder und Frauen im Abendkleid durch das Dorf, das am Ende des malerischen Kandertals

INSIDER-TIPP
Einmal Lord oder Lady sein

bahn auf den Hausberg, den *Harder Kulm* mit seiner Aussichtsplattform *(10 Min. mit der Standseilbahn | hin und zurück 34 Franken | jungfrau.ch)* oder zu den *St.-Beatus-Höhlen (März–Okt. tgl. 9.30–17 Uhr, Höhlenmuseum 11.30–17.30 Uhr | Eintritt 19 Franken),* wo der irische Mönch Beatus der Sage nach einen Drachen besiegte: mit dem Schiff bis zum Anleger Beatushöhlen oder in gut zwei Stunden zu Fuß über Weissenau-Promenade und den Pilgerweg. Zwischen den Tropfsteinformationen und den Höhlen (1 km ist begehbar) ist es auch im Hochsommer schön kühl.

Zurück in Interlaken, bummelst du gemütlich durch das *Bödeli* genannte mittelalterliche Altstadtviertel zwischen den Seen. Vom Straßencafé aus kannst du den Ausblick auf Eiger, Mönch und Jungfrau genießen. Guck ab und zu auch mal ganz nach oben: Dort schweben Gleitschirmflieger elegant von den nahen Bergflanken auf den Landeplatz im Zentrum Interlakens. Warum nicht mal selber ausprobieren? Die Winde machen es hier besonders einfach. Infos, auch über Canyoning, Skydiving und andere Abenteuersportarten, bei der *Touristeninformation (Höheweg 37 | interlaken.ch).* 🗺 *F–G5*

liegt. Im Winter bringt die Seilbahn Skifahrer in eines der familienfreundlichsten Skigebiete auf den *Oeschinen,* im Sommer Wanderer zum tiefblau leuchtenden *Oeschinensee.* Eine zweite Seilbahn führt ins Naturschutzgebiet *Sunnbüel,* wo Wanderer nach zwei Stunden den *Gemmipass* erreichen. Dahinter liegt das Wallis. 🗺 *F6*

🟧 **6 INTERLAKEN**

Auf der einen Seite der Thuner, auf der anderen Seite der Brienzer See und dazwischen: Interlaken, „Zwischen den Seen". Die größte Stadt im Berner Oberland (13 500 Ew.) ist die perfekte Basis für *Schiffsfahrten (bls.ch/schiff)* auf einem der beiden Seen und für Ausflüge in die Region: mit der Seil-

🟧 **7 SCHILTHORN**

Ein Geheimagent machte das Drehrestaurant – es dreht sich in 60 Minuten einmal um die eigene Achse – auf der Schilthornspitze berühmt: „Piz Gloria" nannten die Filmemacher das Geheimlabor von Ernst Stavro Blofeld, dem James Bond in „Im Geheimdienst Ihrer Majestät" das Handwerk legt. Der Name ist geblieben und der Blick von der Aussichtsplattform über die Gipfellandschaft auf 2970 m Höhe spitze.

INSIDER-TIPP
In den Abgrund blicken

Nur für Schwindelfreie ist der *Thrill Walk:* Nur eine Glasscheibe trennt dich vom Abgrund, wenn du über einen Stahlsteg auf Gipfelhöhe spazieren gehst und dich angesichts der imposanten Felswände auf einmal ganz klein fühlst. Die *Standseilbahn* bringt dich von Mürren, Europas längste *Seilschwebebahn* von Stechelberg nach ganz oben *(hin und zurück ab Mürren 85,60 Franken, ab Stechelberg 108 Franken | schilthorn.ch).* 🚠 *F5–6*

🔴 8 JUNGFRAUJOCH ⭐

In Europa ganz oben, „Top of Europe", so wirbt die Jungfraubahn für die Fahrt zum höchsten Bahnhof Europas auf dem Jungfraujoch, 3454 m über dem Meer (der Gipfel ist nur 21 m höher). Mit der brandneuen Seilbahn *Eiger-Express* geht das ratzfatz – ab Grindelwald in nur 45 Minuten! Gemächlicher ist die anderthalbstündige Fahrt in der 1912 gebauten Zahnradbahn. Besonders spektakulär: die Fahrt mitten durch die 🚩 *Eiger-Nordwand,* auch Mordwand genannt: Seit der Erstbesteigung 1938 sind hier mehr als 50 Menschen ums Leben gekommen.

Schwindelfrei? Dann wirf einen Blick vom Bahnhof Eigerwand direkt die Nordwand hinunter. Alle anderen: Augen weg! Auf der Fahrt: atemraubende Ausblicke auf den *Fiescherglet-* *scher;* oben raubt dir dann zunächst einmal die Höhe den Atem, die Luft ist dünn. Deshalb alles langsam angehen: das Aussteigen, das Staunen in den eisigen Gletschergängen des Eispalasts und von der Aussichtsplattform und dem „Erlebnisrundgang Alpine Sensation". Die größte Sensation ist der Blick über die Alpengipfel hinweg auf den großen *Aletschgletscher,* den sonst nur Bergsteiger genießen können. *Jungfraubahn ab Kleine Scheidegg hin und zurück je nach Saison 104–156 Franken, Eiger-Express ab Grindelwald 169–220 Franken | jungfrau.ch |* 🚠 *G6*

Spektakuläre Zugfahrt: mit der Jungfraubahn zu Europas höchstem Bahnhof auf 3454 m

9 BALLENBERG

Wie machen die Korbmacher, Töpferinnen oder Schmiede das eigentlich genau? Antworten gibts im *Freilichtmuseum der Schweiz* auf dem Ballenberg. Dort sind sie und viele traditionelle Handwerker mehr bei der Arbeit in einem von mehr als 100 nachgebauten traditionellen Häusern und Hütten aus der Schweiz. Zwischen Kohlemeiler und Chocolaterie vergeht die Zeit ganz schnell. *Mitte April–Okt tgl. 10–17 Uhr | Eintritt 28 Franken, Kinder 14 Franken | Eingänge in Hofstetten und Brienzwiler | ballenberg.ch | G5*

10 AARESCHLUCHT

Die Aare ist mit knapp 300 km der längste Fluss, der ausschließlich in der Schweiz fließt – von der Quelle bis zu ihrer Mündung in den Rhein. Und nirgends ist sie so eindrucksvoll wie zwischen Meiringen und Innertkirchen: Hier hat sich die Aare über Jahrtausende tief in den Kalkstein gefressen, ein Wanderpfad führt über Stege und Tunnel durch die enge Schlucht. *Ab Meiringen April–Okt., ab Innertkirchen Mitte Mai–Okt. tgl. 8.30–17.30, Mitte Juni–Mitte Sept. bis 18.30, Juli/Aug. bis 22 Uhr | 10 Franken | aareschlucht. ch | G–H5*

11 REICHENBACHFALL ★

Hier tötete Sir Arthur Conan Doyle den größten Detektiv aller Zeiten: Sherlock Holmes stürzte mit seinem Erzfeind James Moriarty den 120 m tiefen Reichenbachfall hinab. Der Aufschrei seiner Fans war so groß, dass der Autor Holmes später wiederauferstehen lassen musste. Fan oder nicht, der Blick von den Aussichtsterrassen auf das in die enge Schlucht stürzende Wildwasser ist filmreif.

Teil des Erlebnisses ist die Fahrt über tiefe Schluchten mit den hölzernen Nostalgiewagen der *Reichenbachfall-Bahn (Mai–Mitte Okt. tgl. 9–17.30 Uhr | hin und zurück 12 Franken | grimselwelt.ch)* ab Meiringen, wo neben einem Denkmal auch ein *Museum (Mai–Okt. tgl. 13.30–18, Nov.–April Sa/So 13.30–17 Uhr | Eintritt 5 Franken | Bahnhofstr. 26 | sherlockholmes.ch | ⏱ 40 Min.)* an den Meisterdetektiv erinnert: Dort ist unter anderem sein Londoner Wohnzimmer in 221b, Baker Street, nachgebildet und du kannst beim Lösen eines Falls selbst ausprobieren, wie viel Sherlock in dir steckt. 🗺 *G5*

LUZERN

(🗺 *H4*) **Von der Schönheit des Wassers, der Berge und des Himmels geblendet und erschüttert, so beschrieb der russische Schriftsteller Leo Tolstoi seine erste Begegnung mit Luzern.**

Und Tolstoi trifft es auf den Punkt, auch 100 Jahre später noch! Segelboote spiegeln sich auf dem tiefblauen Vierwaldstätter See, der am Horizont nahtlos mit dem Himmel verschmilzt. An der Promenade der 80 000-Ew.-Stadt stehen die prächtig-nostalgischen Hotelpaläste aus der Belle Époque. Voll modern dagegen das aufregende Kultur- und Kongresszentrum, ein Traum aus Glas, Licht und Wasser. In der Altstadt: mehr als 800 Jahre Stadtgeschichte, mit Sagenmotiven bemalte Fassaden und immer wieder kleine, romantische Ecken zum selbst Entdecken.

WOHIN ZUERST?

Wenn du aus dem von Santiago Calatrava entworfenen Bahnhof trittst, breitet sich der Vierwaldstätter See vor dir aus. Du läufst nach links und dann über die **Kapellbrücke** mit dem Wasserturm rein in die historische Innenstadt mit ihren bemalten Fassaden und hältst Kurs auf die **Museggmauer,** Luzerns historische Stadtbefestigung, die die Altstadt umschließt.

SIGHTSEEING

KAPELLBRÜCKE

Vor über 650 Jahren errichtet, ging die überdachte hölzerne Brücke über die Reuss 1993 in Flammen auf. Schnell sammelten die Luzerner für die Renovierung. Heute erstrahlt die Brücke in altem Glanz. Ausnahme: Einige der Bildtafeln mit Szenen der Schweizer und Luzerner Geschichte, die von Feuer und Ruß zerstört waren, wurden bewusst schwarz gelassen. Der achteckige, 34 m hohe Wasserturm ist übrigens noch älter als die Brücke, Baujahr: um 1300. Er war schon als Folterkeller, Schuldturm, Archiv und Schatzkammer in Gebrauch. Heute ist er vor allem Fotomotiv und beliebte Selfiekulisse.

Stunde: Das gilt als Vorrecht der ältesten Uhr der Stadt.

VIERWALDSTÄTTER SEE ★

Der See, an dessen Ufer die Schweiz gegründet wurde, ist ein Naturspektakel sondergleichen, das man am besten vom Schiff aus erlebt. Dampfschif-

Idyllisches Luzern: Von der Kapellbrücke hast du Jesuitenkirche und Rathaus im Blick

MUSEGGMAUER

Auf fast 900 m zieht sich die gut erhaltene Befestigungsmauer an Luzerns Altstadt entlang, vier der neun *Türme* können zwischen Karfreitag und Allerheiligen besucht werden. Das Hochsteigen lohnt sich: Von dort und dem mittelalterlichen Wehrgang aus blickst du weit über Stadt und See. Im *Zytturm* zeigt die Uhr schon seit 1535 die Zeit an. Die Glocke läutet übrigens absichtlich eine Minute vor der vollen

fe wie das älteste der Schweiz, die 1901 gebaute „Uri" *(dampfschiff.ch)*, tuckern über den gut 12 000 Jahre alten See, der beim Rückzug der Gletscher am Ende der Eiszeit entstanden ist und heute fünf Kantone berührt. Linienschiffe *(lakelucerne.ch | s. Erlebnistour 3)* legen am Quai vor dem Bahnhof ab. Alternativ kannst du den See auch einmal komplett umwandern, der *Waldstätterweg (waldstaetter weg.ch)* und der *Weg der Schweiz (weg-*

der-schweiz.ch) machen es (in neun Tagesetappen) möglich. Planschen mit Luzernblick kannst du am *Ufschötti*, einem aufgeschütteten Strand mit Liegewiesen im Südosten der Stadt.

SEEPROMENADE

Ein Palast neben dem anderen: Aus der Zeit, als Reisen noch Luxus und den Reichen vorbehalten war, stammen Grandhotels wie der *Schweizer Hof*, das *National* und das *Palace*. Um Platz für sie zu schaffen, musste das Ufer künstlich aufgeschüttet werden. Am besten, man macht es wie einst die ersten Gäste und flaniert den Quai östlich der Seebrücke hinab und genießt dabei den Glanz vergangener Zeiten.

VERKEHRSHAUS DER SCHWEIZ ★ 👥

Ein bisschen Schweiz war schon auf dem Mond, in höchsten Erdsphären und in tiefsten Meeresspalten – hättest du's gewusst? Im Verkehrshaus erfährst du all das und lernst nebenher kennen, was die große kleine Schweiz im Lauf der Jahrhunderte mit Stolz erfüllt hat. Einmal im Führerstand einer antiken Lok stehen, auf Knopfdruck einen Oldtimer vorfahren lassen oder das Innenleben eines U-Boots (tauchte im Genfer See) bestaunen. Nicht nur Kinder freuen sich über die vielen Gelegenheiten zum Mitmachen: Mit kleinen Robotern kann man Teil eines riesigen Internetprogramms werden. Oh, und ein 360-Grad-Kino mit Planetarium gibt es auch noch. Ruhig einen vollen Tag einplanen, Langeweile ist ausgeschlossen! *Tgl. 10–17, April–Okt. bis 18 Uhr | Eintritt 32 Franken, Kinder (6–16 Jahre) 14 Franken | Lidostr. 5 | verkehrshaus.ch | ⏱ ½–1 Tag*

KULTUR- UND KONGRESSZENTRUM ☂

Das riesige Dach scheint zu schweben. Schon von außen ist der Glaspalast direkt am Vierwaldstätter See eine Sensation – besonders abends, wenn seine bunten Lichter sich im See spiegeln. Aber geh unbedingt auch rein: Dort hat der französische Architekt Jean Nouvel kleine Kanäle gebaut, die das Erdgeschoss durchziehen – inzwischen mit Geländern, weil Besucher in Anzug und Abendkleid zu oft unfreiwillig im Wasser landeten. Luzerns *Kunstmuseum* ist hier untergebracht, grandioses Herzstück aber ist der *Konzertsaal* mit 1840 Plätzen und ausgezeichneter Akustik. Hier spielt die Crème de la Crème: Wenn du die Chance bekommst, unbedingt eines der Konzerte besuchen! Auf jeden Fall aber solltest du einen Drink in der *Seebar* oder der *Sommerbar Dock 14* mit Blick aufs Wasser nehmen. *Europaplatz 1 | kkl-luzern.ch*

RICHARD-WAGNER-MUSEUM

In seiner Villa am See vollendete Richard Wagner „Die Meistersinger von Nürnberg", schrieb für seine Cosima das „Siegfried-Idyll" und parlierte mit Friedrich Nietzsche. Das von riesigen Pappeln eingerahmte Haus in Tribschen atmet noch immer den Geist jener sechs Jahre, die der stets klamme Wagner hier verbrachte. Im Gartencafé kannst du bei einem Stück Kuchen den idyllischen Ausblick auf die Berge genießen. Stilvoll erreichst du das Mu-

LUZERN

Hemingway Rum Lounge
Haldenstr.

Museggmauer

Jazzkantine

Seepromenade

Wochenmarkt

Brasserie Bodu

Kapellbrücke

Vincafé La Barca

Vierwaldstätter See ★

Verkehrshaus der Schweiz ★

Kultur- und Kongresszentrum

Suite

Zivilschutzanlage Sonnenberg

Richard-Wagner-Museum

500 m
547 yd

---

seum mit dem Linienschiff, es hat einen eigenen Anleger. *April–Nov. Di–So 11–17 Uhr | Eintritt 10 Franken | Richard-Wagner-Weg 27 | richard-wagner-museum.ch | ⏱ 45 Min.*

ZIVILSCHUTZANLAGE SONNENBERG

Kaum zu glauben: Mitten im Sonnenberg liegt die größte Zivilschutzanlage der Welt. 20 000 Schweizer sollten hier im Ernstfall Zuflucht bei einem Atomkrieg finden! Wie eng das gewesen wäre, was bei einem Testlauf alles schieflief und warum ein Bunkerradio Volksmusik spielen sollte: All das erfährst du bei einer der öffentlichen Touren durch das Labyrinth der Tunnel, Röhren und Räume, die der Verein „Unterirdisch

INSIDER-TIPP
In die Röhre gucken

Überleben" *(Termine s. Website | 25 Franken | unterirdisch-ueberleben. ch)* regelmäßig durchführt.

VINCAFÉ LA BARCA

Flammkuchen, Pasta und mediterrane Gerichte zu vernünftigen Preisen direkt an der Reuss. Die große Terrasse unter den Arkaden ist ganzjährig geöffnet! *Tgl. | Unter der Egg 6 | Tel. 04 12 02 12 12 | la-barca-luzern.ch | €*

BRASSERIE BODU

Französische Küche am Reussufer, von gratiniertem Ratatouille provençale über sautierte Seeteufelfilets bis hin zu Lammcarrés. *Tgl. | Kornmarkt 5 | Tel. 04 14 10 01 77 | brasseriebodu.ch | €€*

48 Prozent Steigung bewältigt die Zahnradbahn bei der Fahrt auf den 2129 m hohen Pilatus ↘

JAZZKANTINE

Hier gilt das Motto von Oscar Wilde: Mit dem guten Geschmack ist es ganz einfach, man nehme von allem das Beste. Das kommt aus der Region und wird zu tollen Menüs verarbeitet. Und wenn alle satt sind, wird gejammt oder auch mal vorgelesen. Herrlich! *So geschl.* | *Grabenstr. 8* | *Tel. 04 14 10 73 73* | *jazzkantine.com* | *€€*

SHOPPEN

WOCHENMARKT

Der farbenfrohe Wochenmarkt entlang der Reuss *(Rathausquai und Unter der Egg)* findet jeden Dienstag und Samstag von 6 bis 13 Uhr statt. Dienstags, freitags und samstags wird zwischen 7 und 12 Uhr *Unter der Egg beim Rathaussteg* frischer Seefisch verkauft.

AUSGEHEN & FEIERN

SUITE

Cocktails (auch wechselnde Eigenkreationen) mit Seeblick gibts hier in der verglasten Bar oder dem Dachgarten, dazu Tapas, die hier *small plates* heißen. Und dieser Blick! Der See, der Berg, die Stadt. Da könnte man ewig sitzen bleiben. *Tgl.* | *Pilatusstr. 1* | *suite-rooftop.ch*

HEMINGWAY RUM LOUNGE

Es beginnt mit der Anfahrt: Die kürzeste Standseilbahn der Schweiz (120 m) bringt dich zum grandiosesten Grand Hotel über der Stadt, dem berühmten *Montana*. Ernest Hemingway notierte 1936 in einer Kurzgeschichte: „Meet me at the Hotel Montana." Womit du auf den Schriftsteller anstoßen kannst? Zur Auswahl stehen 130 Whisky- und 60 Rumsorten, da ist sicher auch was für dich dabei. Und dann zurücklehnen (bei schönem Wetter in der Rooftop-Bar, dem *Montana Beach Club* mit Whirlpool und Regenwalddusche) und den Ausblick genießen – himmlisch! *Tgl. ab 17 Uhr | Adligenswilderstr. 22 | hotel-montana.ch*

RUND UM LUZERN

🄬 PILATUS

15 km bis zur Talstation Alpnachstad südlich von Luzern, dann 30 Min. mit der neuen Zahnradbahn

Die Fahrt auf den Luzerner Hausberg erspart dir glatt den Jahrmarktbesuch: Mit der steilsten Zahnradbahn *(Mitte Mai–Mitte Nov. tgl. 8.10–17.45 Uhr | hin und zurück 72 Franken)* der Welt – 48 Prozent Steigung! – geht es hoch auf 2128 m. Oben erwarten dich außer dem grandiosen Panoramablick auch ein *Baumwipfelpfad*, auf dem du über schmale Holzstege von Wipfel zu Wipfel wanderst, sowie die mit 1350 m längste 🎎 *Sommerrodelbahn (April–Okt. tgl. 10–17.30 Uhr | 9 Franken, Kinder je nach Alter 5–7 Franken | rodelbahn.ch)* der Schweiz. *pilatus.ch |* 🛏 *G–H4*

🄳 ENGELBERG

35 km südlich von Luzern/40 Min. über die A2

900 Jahre nach seiner Gründung ist das *Benediktinerkloster Engelberg (Führungen Di, Do und Sa 16 Uhr | 12 Franken | kloster-engelberg.ch)* immer noch da – schau mal nach und bestaun die heutige, barocke Architektur. Auch ein Aufenthalt auf Zeit ist hier möglich. Die meisten Besucher kommen aber im Winter wegen der 82 km Pisten, im Sommer wegen 500 km Wanderwegen rund um den 3238 m hohen *Titlis*.

INSIDER-TIPP
Laufen unten ohne

Ein Traum für alle Füße: der rund 1 km lange *Barfußwanderweg* zur Brunnihütte *(brunni.ch)*. Oben auf dem Titlis kannst du deine Höhenangst testen: Auf 3040 m Höhe läufst du 150 Schritte auf einer schwankenden Hängebrücke über einen 500 m tiefen Abgrund. Schaffst du's? Wenn du danach vor Angst noch schwitzt: ab in die begehbare Gletschergrotte! Einen ungefährlichen Einblick in die bis zu 10 m tiefen Gletscherspalten bekommst du vom *Ice Flyer Sessellift (titlis.ch)* aus. 🛏 *H4*

🄴 SACHSELN

25 km südlich von Luzern/25 Min. über die A2 und A8

Niklaus von Flüe verließ im 15. Jh. seine Familie, wurde Eremit und verhinderte später einen Bürgerkrieg: „Bruder Klaus" wurde deshalb schon zu Lebzeiten als Heiliger verehrt. In seinem Heimatort Sachseln gibt es neben Geburts- und Wohnhaus auch ein *Bruder-Klaus-Museum (So vor Ostern–*

Okt. Di–Sa 10–12 und 13.30–17, So 11 –17 Uhr | Eintritt 10 Franken | Dorfstr. 4 | museumbruderklaus.ch | ⏱ 45 Min.). Auf dem *Bruderklausenweg* durch die romantische Wald- und Hügellandschaft Obwaldens bilden moderne Skulpturen den Lebensweg des Heiligen nach. 🗺 *G–H4*

15 ENTLEBUCH ⭐

30 km bis Schüpfheim südwestlich von Luzern/45 Min. über Malters
Feucht dampft der Boden, Wiesen leuchten in grellem Grün, am Horizont schroffe Berghänge: Das Entlebuch, das sind 400 km² Natur, ein Viertel davon Flach- und Hochmoore, geschützt als Unesco-Biosphärenreservat. Ist Luzern wirklich nur eine gute halbe Stunde entfernt? Kaum zu glauben, schließlich bist du hier mitten in der Wildnis, etwa auf der Steinwüste der *Schrattenfluh,* wo der Sage nach der Teufel selbst eine blühende Alp aus dem Boden riss. Erster Stopp ist *Schüpfheim*. Von hier führt ein besonders schöner Weg (mit dem Auto 25 Min., zu Fuß 5,5 Std.) die wilde Emme entlang nach *Sörenberg,* ein romantisches Bergdorf unterhalb des Rothorns und guter Ausgangspunkt für Ausflüge.
Im 🎯 🐸 *Mooraculum (Mitte Mai–Mitte Okt. tgl. 8.15–17.15 Uhr | Eintritt frei | Hinterschöniseistr. 4 | soerenberg. ch)* lernen junge Besucher alles übers Moor, fahren mit dem Floß und retten nebenbei ein paar Frösche. Für den Überblick über das ganze Entlebuch fährst du mit der nahen Luftseilbahn aufs 2348 m hohe *Brienzer Rothorn*. 🗺 *G4*

16 RIGI ⭐

25 km bis Vitznau östlich von Luzern/ 40 Min. über Küssnacht, dann 32 Min. mit der Zahnradbahn
Bei gutem Wetter siehst du von der Rigi bis in den Schwarzwald und die Vogesen: Nicht umsonst leitet sich der Name der Halbinsel im Vierwaldstätter See von „Regina" (Königin) ab: Die Rigi ist die Königin der Berge. Hoch auf die *Rigi-Kulm* kommst du von Vitznau mit der Zahnradbahn – oder du nimmst eine der sieben Luftseilbahnen. Auf halbem Weg zur Kulm passierst du *Rigi Kaltbad* mit einem der luxuriösesten Wellnesshotels *(hotelrigikalt bad.ch)* der Schweiz. Der Schweizer Architekt Mario Botta hat es komplett aus Naturstein geschaffen. Der größte Luxus – für alle, die es sich leisten können – ist der Blick vom Außenpool auf dem Dach. Am Fuß der Rigi liegt die Stadt *Küssnacht,* in der Wilhelm Tell der Sage nach dem Landvogt Gessler in der hohlen Gasse auflauerte *(hohle gasse.ch)*. 🗺 *H4*

17 BRUNNEN

40 km östlich von Luzern/40 Min. über Küssnacht
Bei Brunnen macht der Vierwaldstätter See einen 90-Grad-Knick und geht in einer engen Schlucht in den Urner See über. Besonders schön ist Brunnen deshalb vom Wasser aus: An der *Kanustation (Föhnhafen 6)* bekommst du eine 30-minütige Einführung – und ab gehts ins Boot. Bei der Tagestour *(65 Franken/Kanu bzw. Kajak | er lebnisregion-mythen.ch)* gibts Paddel, Schwimmweste, Karten und alles, was du wissen musst. 🗺 *H–J4*

⓲ EINSIEDELN

55 km östlich von Luzern/1 Std. über Küssnacht und Schwyz

Dort wo heute das größte ⭐ Barockkloster (Mo–Fr 8–19, Sa/So 10.30–19 Uhr, Mo–Sa 14 Jahr Führungen | Führung 20 Franken | kloster-einsiedeln.ch) der Schweiz auf einer Hochebene

Im *Café Tulipan (tgl. | Hauptstr. 89)* musst du außer einem Getränk ==unbedingt auch einen „Schafbock" bestellen: Das Süßgebäck mit geheimem Rezept== versorgte früher die Pilger auf dem Jakobsweg mit der nötigen Kraft. 🔲 *J3*

INSIDER-TIPP
In den Schafbock beißen

In der Ruhe liegt die Kraft: Picobello aufgeräumt ist die Bibliothek im Kloster Einsiedeln

steht, soll sich im Jahr 835 ein Mönch namens Meinrad als Einsiedler niedergelassen haben. Die Benediktiner bauten 934 ihr erstes Kloster, das heutige stammt aus dem frühen 18. Jh. Von der Ausstattung her erinnert der Wallfahrtsort an ein Schloss: Opulent ist gar kein Ausdruck für die verschnörkelten und mit Blattgold verzierten Intarsien, die Fresken, die üppige Kanzel. Der schwarzen Madonna in der Gnadenkapelle werden besondere Kräfte nachgesagt.

⓳ URI

45 km bis Erstfeld südöstlich von Luzern/1 Std. 10 Min. mit dem Zug

An Uri, einem der vier Schweizer Urkantone, fährt man heute viel zu schnell vorbei – vor allem, seit der Gotthard-Basistunnel Touristen ohne Halt ins Tessin bringt. Anhalten lohnt sich aber: zum Beispiel, um von Erstfeld aus in den *Basistunnel (Mi–Sa 13.30, Sa auch 9.30 Uhr | 26 Franken | tunnel-erlebnis.ch)* zu steigen und im Rahmen einer zweieinviertelstündi-

Ein aussichtsreicher Straßentraum in unzähligen Serpentinen: die alte Gotthardstraße

gen Tour von unten zuzusehen, wie die Züge durch das 57 km lange Wunderwerk der Technik rasen.

In der Kantonshauptstadt *Altdorf* ist bis heute Wilhelm Tell der Held: Bei *Tatort Tell (Mai–Mitte Okt. | 26 Franken, Kinder 19 Franken | Schützengasse 11 | short.travel/swz2)* ermittelst du drei oder sechs Stunden lang in einem Mordfall – in der Hohlen Gasse wurde ein Landvogt erschossen. Klingelt's? Spaß macht es auf jeden Fall! *J4–5*

20 SANKT GOTTHARD

85 km südlich von Luzern/1¼ Std. über die A2 und die Passstraße
Jahrhundertelang war der Gotthard-pass die wichtigste Verbindung über die Alpen: Im *St.-Gotthard-Museum (Juni–Okt. tgl. 9–18 Uhr | Eintritt 10 Franken | gotthard-hospiz.ch | 30 Min.)* auf 2100 m erfährst du alles über die Geschichte des Passes, im nahen *Sasso San Gottardo (Juni/Juli Mi–Mo, Aug. tgl., Sept./Okt. Mi–So 10.30–15 Uhr | Eintritt 25 Franken | sasso-sangottardo.ch | 2 Std.)* fährst du tief in den Berg in eine ehemalige Bunkeranlage hinein. Achtung, im Berg ist es immer kalt!

Für ausdauernde Wanderer ist der *Gotthard Tunnel Trail (gotthard-tunnel-trail.ch)* gedacht, der in fünf Tagesetappen auf rund 100 km Länge etwa 2 km oberhalb des neuen Basistunnels entlangführt. Weniger Trainierte machen es sich bequemer: Mit dem

Gotthard Panorama-Express legst du die Strecke von Luzern nach Bellinzona mit dem Schiff und im Panoramawagen wie in alten Zeiten zurück und an der Bahnstrecke erwarten dich interessante Inszenierungen zur Geschichte der Gotthardbahn *(short.travel/swz3)*. ▯ *H5–6*

MYTHOS GOTTHARD

So viele Superlative: 57 km ist der 2016 eröffnete Gotthard-Basistunnel lang, weltweit ist kein Eisenbahntunnel länger. 2300 m Gestein liegen über ihm. Von Zürich nach Bellinzona braucht man nun weniger als zwei Stunden. Schon der Pass, den die Walser Anfang des 13. Jhs. bauten, galt als Jahrtausendwerk, der Gotthard bis dahin als unüberwindbar. Säumer brachten Waren über den gefährlichen Weg, bis 1830 die erste Passstraße gebaut und 1882 der erste Eisenbahntunnel in den Granit gesprengt wurde. Für den neuen Tunnel bohrte sich eine 410 m lange Maschine durch den Fels, mit dem Aushub wurden im Urner See Badeinseln angelegt. 15 Jahre arbeiteten 2400 Arbeiter an dem Tunnel, der ein Jahr früher als geplant fertig wurde – und im Kostenrahmen blieb! Der war mit 11 Mrd. Euro allerdings auch nicht gerade klein.

GRAUBÜNDEN

WILD UND VERWUNSCHEN

Graubünden, das sind hohe Berge und tiefe Täler, springende Steinböcke und wilde Wälder. Der größte und bei Urlaubern beliebteste Kanton der Schweiz ist bis heute ursprünglich geblieben. Die Wildnis liegt oft nur ein Tal entfernt.

So isoliert sind die mehr als 150 Täler (vor allem im Winter), dass in vielen außer Deutsch und Italienisch auch ein jeweils eigener Dialekt des Rätoromanischen (der vierten Schweizer Landessprache) gesprochen wird.

Verschneite Gipfel und blühendes Wollgras: Gebirgslandschaft im Engadin

Reißende Gebirgsbäche und die Oberläufe großer Flüsse bestimmen die Landschaft, grob gezimmerte Holzhütten auf blühenden Blumenwiesen, aus riesigen Findlingen gemauerte Bogenbrücken über gähnenden Abgründen, dichte Arven- und Lärchenwälder am steilen Berg. Auf über 1000 m Höhe leuchten himmelblaue Seen, die eiszeitliche Gletscher bei ihrem Rückzug geformt haben. Inspirierend! Nicht umsonst zieht die Landschaft bis heute Maler, Schriftsteller, Philosophen an.

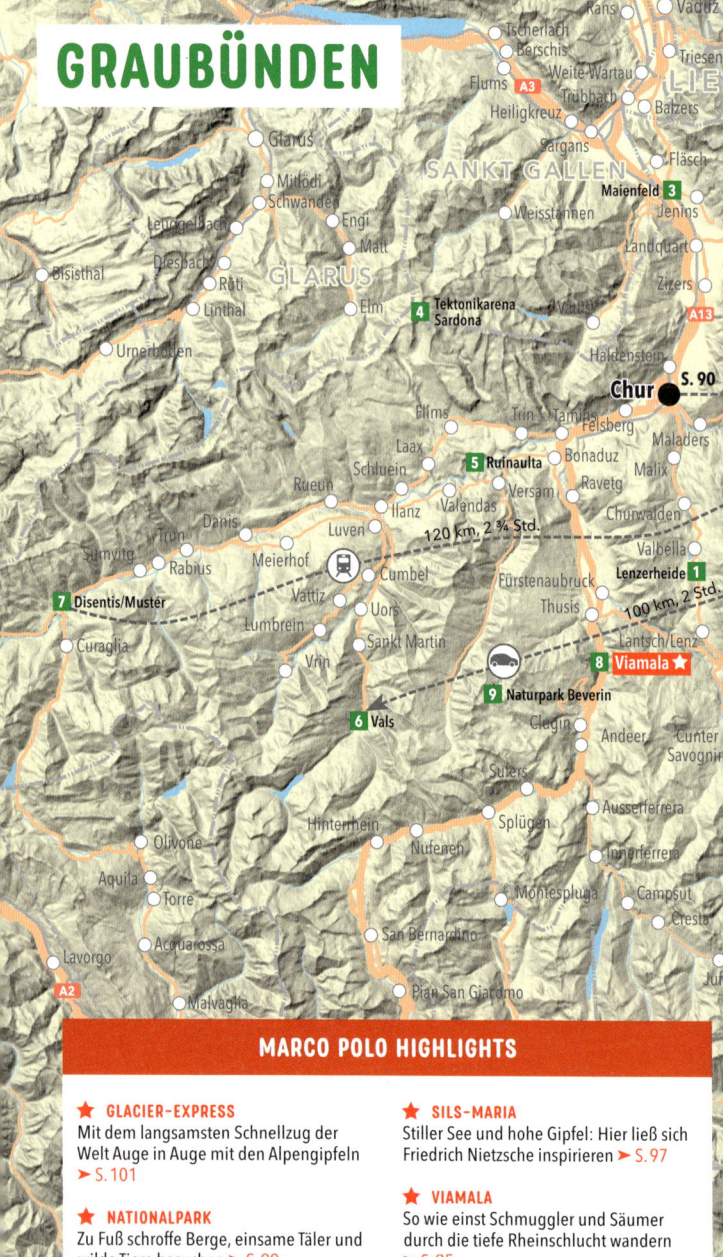

GRAUBÜNDEN

MARCO POLO HIGHLIGHTS

★ **GLACIER-EXPRESS**
Mit dem langsamsten Schnellzug der Welt Auge in Auge mit den Alpengipfeln ➤ S. 101

★ **NATIONALPARK**
Zu Fuß schroffe Berge, einsame Täler und wilde Tiere besuchen ➤ S. 99

★ **SILS-MARIA**
Stiller See und hohe Gipfel: Hier ließ sich Friedrich Nietzsche inspirieren ➤ S. 97

★ **VIAMALA**
So wie einst Schmuggler und Säumer durch die tiefe Rheinschlucht wandern ➤ S. 95

CHUR

(📖 L4) **Die Bündner Kantonshaupt-stadt Chur (37 500 Ew.) ist das Tor zu den Alpen – und gleichzeitig eine lebendige kleine Stadt.**
In den mittelalterlichen Häuserreihen sind Cafés, Kneipen und bunte Läden pathischen Stadt – du wirst es nicht bereuen!

SIGHTSEEING

ALTSTADT

Diese Innenstadt ist zum Schlendern gemacht: Das Zentrum von Chur ist autofrei, du hast die Wege ganz für

Weinfelder bei Chur: Längs des hier noch jungen Rheins wachsen die Graubündner Weine

untergebracht, dazwischen stehen Kirchen, die alte Stadtmauer und der Bischofspalast. Und natürlich die Plessur, die als schmaler, aber reißender Strom mitten durch die Stadt rauscht und am Stadtrand in den Rhein mündet. Chur ist die älteste Stadt der Schweiz, seit 5000 Jahren haben Menschen hier gesiedelt. Bleib auch du für ein paar Nächte in dieser sympathischen Stadt – du wirst es nicht bereuen!

dich. Achte dabei auf die alten Fassaden, von denen viele mit traditionellen Sgraffiti bemalt sind. Großartig: die kopfsteinbepflasterte *Süsswinkelgasse;* in einem öffentlichen Garten ist hier der schönste Spielplatz der Stadt versteckt. Nicht weit sind der riesige *Biergarten Marsoel* und die Kirche *St. Martin.* Einzigartig hier sind die drei Glasfenster von Augusto Giacometti.

Auf der anderen Seite der Kirche liegt der große *Arcas-Platz,* umgeben von mittelalterlichen Häuserzeilen. Bei gutem Wetter stehen hier überall die Tische der Cafés. Was da rauscht, ist übrigens nicht der Verkehr, sondern der Fluss, der gleich auf der anderen Seite der Häuserzeile vorbeifließt. Lust auf eine Pause? Der *Rosenhügel,* wo jahrhundertelang der Galgen der Stadt stand, ist heute ein großer Park und wo einst der Henker wirkte, steht jetzt ein Springbrunnen *(Malixerstrasse).*

KATHEDRALE

Zur Kathedrale St. Mariä Himmelfahrt erklimmst du zunächst den Hofsteg, den Bischofshof betrittst du dann durch den Torturm. Die spätromanische Kirche wurde 1272 geweiht. Fast genauso prächtig ist das mit goldenem Stuck verzierte Gebäude zur Linken, das bischöfliche Schloss.

BÜNDNER KUNSTMUSEUM

Früher Regional-, jetzt Topliga: Mit seinem modernen Anbau ist das Museum ganz oben angekommen, auch dank großzügiger Mäzene. Eine ganze Etage ist der Künstlerfamilie Giacometti gewidmet, Ernst Ludwig Kirchner und die Schweizer Expressionisten haben ebenfalls viel Platz. Im „Labor" kann ein lebender Künstler nach Gusto experimentieren. Top! *Di–So 10–17, Do bis 20 Uhr | Eintritt 15 Euro | Bahnhofstr. 35 | buendner-kunstmuseum.ch | ⊘ 45 Min.*

BRAMBRÜESCH

Der 1595 m hohe Brambrüesch ist der Hausberg von Chur: In nur zwölf Mi-

nuten bringt dich eine *Seilbahn (churbergbahnen.ch)* vom Zentrum ganz nach oben. Dort erwarten dich im Sommer Wanderwege, fünf Freeride-Strecken und das renaturierte *Riedboden-Moor.* Auf einem Parcours durchs Moor kannst du von Holzstegen aus Amphibien und seltene Pflanzen beäugen.

INSIDER-TIPP
Moorforscher werden

Oder du erforschst das Moor mit der dafür nötigen Forschertasche vom WWF einfach selbst. Die kannst du für 10 Franken in der *AIS Sportschule Brambrüesch (Tel. 08 12 50 19 46 | ais-sportschule.ch)* ausleihen, die darin enthaltenen ☎ Experimente und Spiele sind (nicht nur!) für Kinder der Hit *(short. travel/swz8).*

ESSEN & TRINKEN

CAFÉ ZSCHALER

Schnuckeliges Café mit Mittagstisch (Bündner, aber auch brasilianische Gerichte) in traditionell bunt bemaltem Haus mit Terrasse zum Fluss. Die hausgemachten Kuchen sind himmlisch! *Mi und abends geschl. | Obere Gasse 31 | Tel. 08 12 52 35 76 | Facebook | €*

ZOLLHAUS CHUR

Im ersten Stock des mehr als 400 Jahre alten Gasthauses befindet sich die Bündner Stube mit all ihren Spezialitäten: Capuns (Mangoldwickel), Bizochels (Kässpätzle auf Bündnerisch) und natürlich Nusstorte zum Dessert. *Di/Mi geschl. | Malixerstr. 1 | Tel. 08 12 52 33 98 | zollhaus-chur.ch | €€*

RUND UM CHUR

1 AROSA & LENZERHEIDE

*30 km bid Arosa östlich von Chur/
1 Std. mit der Bahn*

Arosa und der Nachbarort Lenzerheide sind berühmt für steile Pisten, lange Wanderwege und das Classic-Car-Rennen, das jeden September in Oldtimern auf der Strecke zwischen den beiden Orten (76 Kurven auf knapp 8 km!) ausgetragen wird. In Lenzerheide kannst du dich außerdem mit Mountainbikes kräftig in die Kurve legen: Im *Bikepark Lenzerheide (arosa lenzerheide.swiss)* am Rothorn gibt es gleich fünf Freeride-Lines, die einen für Anfänger, andere für Megaprofis.
Grandios in doppelter Hinsicht: In der *Motta-Hütte (während der Wintersaison tgl. bis 16.30 Uhr | motta-lenzer heide.com | €€€)* bei der Urden-Verbindungsbahn über Lenzerheide sitzt man, bei Bedarf mit Fellen zugedeckt, auf der Panoramaterrasse 2325 m überm Meer und schmaust Crevetten oder Spareribs bei einmaliger Aussicht. *▥ L5*

2 DAVOS

*60 km östlich von Chur/1 Std. über
die A 13 und N 28*

Unbedingt einpacken für einen Besuch in Davos: dein Adrenalin! Im Winter fürs Skifahren, im Sommer fürs Mountainbiking. Wirkliche Profis fahren mit einer der neun Bergbahnen auf einen der am Dorfrand hoch aufragenden Gipfel und dann 1000 Hö-

henmeter bergab. Andere Trails sind auch anfängergeeignet. Wer's ruhiger, aber dennoch sportlich mag: Davos und der 12 km nördlich gelegene Nachbarort *Klosters* haben Golfplätze vor atemraubender Alpenkulisse.
Im 👓 *Gwunderwald (gwunderwald. ch)* sind auf acht Pfaden quer durch die wunderschöne Landschaft Holzmemory, Tierspurenraten, Barfußpfad und mehr als 30 Posten eingebaut, auf denen Große und Kleine alles über Insekten, Schmetterlinge oder Baumarten lernen können. Oder du liest vielleicht den „Zauberberg", den Thomas Mann teilweise hier geschrieben hat. Fans schauen sich am Ort seiner Inspiration um, dem früheren Waldsanatorium und heutigen *Berg-*

Fünf Routen aller Schwierigkeitsgrade: der Bikepark am Rothorn in Lenzerheide

hotel Schatzalp (Promenade 62 | Davos-Platz | schatzalp.ch). davos.ch | ⟨⟩ M4–5

3 MAIENFELD

20 km nördlich von Chur/11 Min. mit der Bahn

In Maienfeld erfand Johanna Spyri ihre Heidi. Die ganze Region nennt sich deshalb „Heidiland", in Maienfeld kannst du mit Kindern auch das 👥 *Heididorf (Mitte März–Mitte Nov. tgl. 10–17 Uhr | Eintritt 13,90 Franken, Kinder 5,90 Franken | Bahnhofstr. 1 | heididorf.ch)* mit Alphütte und Heidihaus besuchen. *Schloss Brandis (schlossbrandis.ch)* ist das Wahrzeichen des Orts, hier kannst du schlemmen und Weine von den umliegenden Gütern kosten.

Gleich um die Ecke von Heidi könnten Frodo Beutlin, Samweis Gamdschie und ihre Gefährten leben: In Jenins 1 km östlich von Maienfeld hat der ehemalige Fondsmanager Bernd Greisinger seinen Garten in ein Schweizer Auenland samt 👥 *Mittelerde-Museum (Führung nach Anmeldung über die Website | Eintritt 50 Franken, Kinder 30 Franken | Verduonig 2b | greisinger. museum | ⏲ 2 Std.)* verwandelt: mit 3500 Ausgaben der Bücher von Hobbit-Erfinder J. R. R. Tolkien, 600 Zeichnungen und Gemälden, Filmrequisiten und vielem mehr. Das Beste ist die 100-prozentig authentische Hobbithöhle: runde Tür, grobe Wände, verwunsche-

INSIDER-TIPP
Beim Hobbit daheim

Aus einem Bergsturz und dank der Kraft des Rheins entstand diese Schlucht: Ruinaulta

<mark>ner Garten</mark> – wer zu lange hier bleibt, wird selbst zum Hobbit ... 🗺 *L4*

4 TEKTONIKARENA SARDONA

20 km bis Flims westlich von Chur/ 25 Min. über die A 13 und N 19

Schroffe Felsen, wild fließendes Wasser und der blaueste See der Schweiz: Die als Unesco-Welterbe geschützte Gebirgslandschaft rund um den Piz Sardona ist Natur pur. Der türkisblau leuchtende *Caumasee (Eintritt Strandbad 15 Franken | caumasee.ch)*, gespeist von unterirdischen Quellen und nur zehn Fußminuten von *Flims* entfernt, ist der perfekte Start. Achtung: Das Wasser ist auch im Sommer gerade mal kühle 19 Grad warm; Empfindliche mieten ein Tretboot.

Der Besucherpavillon zur Tektonikarena thront über Flims und ist mit Graubergbahn, Shuttle oder auf einer leichten, 75-minütigen Bergwanderung zu erreichen. Hier gibts Karten, eine Gratis-App und den Monsterausblick gratis. Hast du dich immer schon gefragt, wie die Alpen sich einst zurechtgefaltet haben? Dann ist der 4 km lange, aussichtsreiche Höhenwanderweg *Geo-Galerie Flumserberg (short.travel/swz10)* wie für dich gemacht: Hier kannst du an mehr als einem Dutzend Stationen erfahren, wie die Alpen entstanden sind und sich bis heute weiter verändern. Wer's noch genauer wissen will: Geo-Guides begleiten Wanderer oder Gruppen quer durch den Park zu den spannendsten Stellen *(geopark.ch)*.

Wenn du dann ordentlich Kalorien beim Wandern verbrannt hast, kannst du sie in Flims wieder auffüllen – im Restaurant *Cavigilli (Di/Mi geschl. | Via Arviul 1 | Tel. 08 19 11 01 25 | cavigilli. ch | €€)* geht das besonders gut. *unes co-sardona.ch | ▢ K4*

5 RUINAULTA ⚑

25 km westlich von Chur/20 Min. mit der Bahn

Vor 10 000 Jahren stürzten hier 8 Mrd. Kubikmeter Geröll in den Rhein: Der größte Bergsturz in der Geschichte der Alpen! Seitdem hat der Rhein ein Tal ins Geröll gefressen, das es mit den großen Canyons dieser Welt aufnehmen kann. Weiße, hohe Felswände, riesige Findlinge im schäumenden Fluss. Fürs Auto ist in der Ruinaulta genannten Schlucht kein Platz. Stattdessen: wandern, etwa ab dem Bahnhof *Versam-Safien.* Im Frühjahr wachsen hier Orchideen. Mutig? Dann geh raften, z. B. mit der *Kanuschule Versam (Tel. 08 16 45 13 24 | kanuschule.ch). ▢ K5*

6 VALS

50 km südwestlich von Chur/1 Std. über die A 13 und N 19

Vals, das ist vor allem Mineralwasser und die architektonisch sicher schönste Therme der Schweiz, gestaltet von Peter Zumthor: *7132 Therme (nach Reservierung Mo/Di 11–18, Mi–So 11– 20 Uhr | Eintritt 80 Franken, Mo/Di 60 Franken | Tel. 05 87 13 20 10 | 7132. com)* – der modernistische Kubus aus grauem Quarzit wirkt wie aus einer anderen Welt; innen kommt das leuchtende Blau der Mineralbäder hinzu. Ein unvergessliches Erlebnis! *▢ K5*

7 DISENTIS/MUSTÉR

60 km westlich von Chur/1¼ Std. mit der Bahn

Vor mehr als 1300 Jahren zog sich der Eremit Sigisbert in Disentis (rätoromanisch Mustér) in die Einsamkeit zurück. Besuch unbedingt die barocke *Klosterkapelle:* Vor lauter Stuck und Gold gehen dir die Augen über! Unterhalb von Disentis fließt der längste Quellfluss des Rheins, der aus dem Tessin kommende Medelser-Rhein, in den Vorderrhein, der wiederum dem Tomasee am Oberalppass entspringt. *▢ J5*

8 VIAMALA ⭐

30 km südlich von Chur/30 Min. über die A 13

Unten schießt der Rhein donnernd durch die enge Schlucht aus schroffem Gestein. Die Gischt spritzt auf die engen Terrassen, durch die sich einst die Säumer mit ihren Waren kämpfen mussten. Heute führen sichere Wege durch die bis zu 300 m tiefe Schlucht der Viamala. Einen Einblick bekommst du im *Besucherzentrum* neben der alten Gotthardstraße zwischen *Thusis* und *Zillis.* Auf 359 Stufen steigst du hinab in die Tiefe, spürst die Gewalt des Wassers aus nächster Nähe und siehst in der Höhe die elegante Wildener Brücke. Ausgezeichnete Wanderwege führen von hier nach Thusis und Zillis, der Postbus bringt dich zurück zum Ausgangspunkt. Ein bisschen Gänsehaut gibts bei im Sommer bei den Nachtführungen durch die Schlucht: Früher waren in der Dunkelheit vor allem Schmuggler unterwegs.

> **INSIDER-TIPP**
> **Schmugglern im Mondlicht begegnen**

Vielleicht triffst du ja noch einen … *April und Okt. tgl. 9–18, Mai–Sept. 8–19 Uhr | Eintritt 6 Franken | viamala-schlucht.ch |* 📖 *L5*

9 NATURPARK BEVERIN

45 km bis Sufers südlich von Chur/ 40 Min. über die A 13

Dieser Park ist filmreif: Der Heidi-Film von 2015 mit Bruno Ganz als Alm-Öhi wurde hier auf einer Alm gedreht. Bei einer 👀 Wanderung auf Heidis Spuren durch den Park werden Filmfreunde aber auch noch viele andere Orte wiedererkennen. Ein guter Ausgangspunkt für Wanderungen ist das winzige Heimatmuseum *Gilli's Museum (geöffnet n.V. | Tel. 08 16 64 15 26 | Stückliweg 12)* in *Sufers.* Von hier fährt im Sommer ein Wanderbus bis zum *Lai da Vons* – im Film Heidis Bergsee. Ein gutes Wanderziel ist die *Cufercalhütte (cufercalhuette.ch)* – da gibts was Warmes zu essen. Wer sehen will, wie hier nachts die Sterne funkeln: In der Hütte kann man auch übernachten. Ein Traum für Freeclimber ist der *Magic Wood (bodhi.ch)* mit seinen Felsen. *naturpark-beverin.ch |* 📖 *K–L 5–6*

ENGADIN

(📖 M–N 4–6) Gut 100 km fließt der Inn durch das Hochtal, das deshalb Engadin, Garten des Inn, genannt wird. Garten Eden wäre noch passender!

Weite, von Gletschern geformte Ebenen mit großen Seen, überragt von den steilen Wänden der Ostalpen im Oberengadin. Im Unterengadin, wo die Berge enger zusammenrücken, rauscht der Inn immer wilder. Und der Himmel ist überall zum Greifen nahe: Zwischen 1000 und gut 1800 m Höhe liegt das Tal, die Gipfel doppelt so hoch. Im Winter ist das Engadin ein Ski-, im Sommer ein Wanderparadies und in beiden Jahreszeiten gibt es viel zu entdecken. Einzig zwischen Mai und Mitte Juni ist das anders: Dann macht das Engadin Ferien, fast alle Hotels, Museen und anderen Einrichtungen sind zu.

ZIELE IM ENGADIN

10 ST. MORITZ

Alles ist hier elegant: das Panorama mit See und Bergen ebenso wie die Hotelpaläste – dieser Dreiklang hat St. Moritz berühmt gemacht. Hier wurde vor 150 Jahren der Wintertourismus

erfunden. Drei lange Rolltreppen (!) bringen dich vom Bahnhof in die Oberstadt auf die Flaniermeilen, wo man vor allem im Winter den Reichen und Berühmten begegnet. Hotels wie das Kulm, das Carlton oder das Palace stammen aus einer luxuriöseren Zeit – gönn dir in einem von ihnen unbedingt einen Tee!

Im Winter locken 350 km Skipisten und die weltweit einzige Bobbahn aus Natureis, im Sommer 13 Bergbahnen, mehr als zwei Dutzend Hütten zum Einkehren und Segeln auf dem See. Ansonsten lass dich treiben, genieß die Spektakel ebenso wie die Ruhe, etwa im Schatten von *St. Mauritius,* wo der Inn in den St. Moritzer See mündet.

Das *Segantini-Museum (in der Saison Di–So 11–17 Uhr | Eintritt 15 Franken | Via Somplaz 30 | segantini-museum. ch),* ein beeindruckender Kuppelturm, zeigt einige der bekanntesten Werke des 1899 im Engadin gestorbenen naturalistischen Malers Giovanni Segantini. Highlight: drei riesige Ölgemälde in der Kuppel, die Werden, Sein und Vergehen darstellen. Nicht weit entfernt wird im *Balthazar Downtown (in der Saison tgl. | Via dal Bagn 20 | Tel. 08 18 32 15 55 | balthazar-st moritz.ch | €€€)* zum Seeblick Fisch serviert – japanisch oder italienisch. *M6*

11 SILS-MARIA ⭐

„Wie groß ist die Welt und wie still ist es hier" – besser als der Titel dieses Buchs über das Hotel Waldhaus, das den malerischen Ort am Silser See schlossgleich überragt, kann man den Charme von Segl (so heißt Sils auf rätoromanisch) kaum beschreiben. Eine Übernachtung im *Hotel Waldhaus (waldhaus-sils.ch)* ist echter Luxus –

Du willst deine Kreditkarte mal richtig zum Glühen bringen? Einkaufsbummel in St. Moritz!

aber einen Kaffee solltest du dir hier unbedingt leisten, um das geschichtsträchtige Haus auch mal von innen zu bestaunen.

mer lang und schrieb „Also sprach Zarathustra". Du schreibst selbst? Dann kannst du hier Quartier beantragen! *sils.ch* | 🗺 *M6*

In den sechs Bädern der Bogn Engiadina in Scuol badest du in reinem Mineralwasser

Außerdem musst du unbedingt mit einem Kursschiff der höchstgelegenen Schifffahrtslinie Europas *(Silser Schifffahrtsgesellschaft | Tel. 07 94 24 32 27)* über den auf 1800 m liegenden Silser See fahren, etwa zur Halbinsel *Chastè:* Auf einer Bank unter Lärchen soll dort schon der Philosoph Friedrich Nietzsche gesessen und Ideen für seine Bücher gesammelt haben. Schau ruhig mal bei ihm zu Hause vorbei – im *Nietzsche-Haus (in der Saison Di–So 15–18 Uhr, Führungen Mi 11 Uhr | Eintritt 10 Franken, inkl. Führung 18 Franken | Via da Marias 67 | nietzschehaus.ch | ⏱ 1 Std.)* wohnte er sieben Som-

12 VALPOSCHIAVO

Durch das lang gezogene, alpine Tal unterhalb des Piz Palü schlängelt sich der Bernina-Express (s. S. 101) – aussteigen lohnt sich! In *Poschiavo (Puschlav)* mit seinen verträumten Lädchen und seinem besuchenswerten Wochenmarkt am Mittwoch weht dir ein schon beinahe mediterranes Flair entgegen. Auf dem dazugehörigen See fährt die über 100 Jahre alte MS Sassalbo *(sassalbo.ch)* vor atemraubendem Bergpanorama. Yogafan? Dann ist die *Yogaplattform (sanromerio.ch)* oberhalb des Rifugio San Romerio mit Blick über das offene Valposchiavo für dich gemacht. Alle anderen wandern rund um das Kirchlein mit seiner magischen Aussicht. *M6*

🔳 NATIONALPARK ⭐

Auf einmal steht er da, wie gemalt auf einem schroffen Felssporn: ein Steinbock! Vor allem im Frühsommer und im Herbst, wenn der Schnee fast bis in die Täler reicht, sind die Bündner Wappentiere zu beobachten, allerdings – wie die Hirsche, Adler und Murmeltiere – nur mit einem guten Fernglas. Mehr als 100 Jahre ist der älteste Nationalpark Europas alt, den die Tiere größtenteils für sich haben. Erste Anlaufstelle: das *Nationalparkzentrum (Juni–Aug tgl. 8.30–18 Uhr | Eintritt 7 Franken | nationalpark.ch)* in Zernez mit allen Infos und einer Ausstellung voller Ideen: Falte selbst die Alpen auf, steure einen Bartgeier durch die Luft oder lern, die Jahresringe eines Baums zu lesen.

Und dann gehts raus in die Natur! Ab *Champlönch (7,5 km ab Zernez Richtung Ofenpass)* winkt zum Einstieg eine leichte, dreistündige Rundwanderung mit tollen Aussichten und guter Chance, Wild zu beobachten. Und wenn du mal eine Nacht mitten in der Natur verbringen willst (unbedingt vorher anmelden!): Ab Zernez führt ein Wanderweg zur *Chamanna Cluozza (Juni–Okt. | 63 Betten | Tel. 08 18 56 12 35 | cluozza.ch),* der einzigen Hütte im Park. Fühlt sich an wie in einer anderen Welt!

Ebenfalls in *Champlönch* startet ein 👁 *Kinderpfad (ca. 2 Std.):* Wo die Hirsche baden gehen und wann sich Zwerge in Murmeltiere verwandelt ha-

ben, das alles und noch viel mehr erfahren Kleine (und Große) hier. Vorher unbedingt im Nationalparkzentrum in Zernez ein GPS-Gerät ausleihen, das an den richtigen Stellen verrät, was andere nicht sehen. Dazu gibt es auch ein bebildertes Buch mit allen Einträgen und einer Hörspiel-CD (Buch 15 Franken, mit Leihgerät 19 Franken). Bevor du – mit oder ohne Kind – loswanderst: Alle Wege liegen in hochalpinem Gelände, das Wetter ist launisch – deshalb unbedingt gut ausgerüstet losmarschieren, auch für kurze Strecken. *M–N5*

🔳 VAL MÜSTAIR

Das *Münstertal* (rumantsch: Val Müstair) ist von Italien umgeben, nur über den Ofenpass führt eine Straße am Nationalpark vorbei in die Schweiz. Im Hauptort *Müstair,* dem östlichsten Ort der Schweiz, lohnt unbedingt ein Besuch des Welterbe-*Klosters St. Johann* mit seiner Klosterkirche aus dem 8. Jh. – Stifter war Karl der Große! Wanderer bekommen hier ordentlich etwas auf die Ohren: Mit der kostenlosen App *Outdooractive* erfährst du Geschichte und Geschichten jeweils dort im Tal, wo sie sich ereignet haben.

INSIDER-TIPP
Wandern auf die Ohren

In *Santa Maria* wird auf über 1400 m über dem Meer Whisky destilliert. Die *High Glen Whisky Distillery (smallest whiskyshoponearth.com)* kann besucht werden und degustiert wird gleich nebenan in der kleinsten Whiskybar der Welt. Prost! In der *Manufactura Tessanda (tessanda.ch)* stellen Weberinnen bis heute auf den mehr als 100 Jahre

Glacier Express: 65 m hoch sind die fünf Pfeiler des Landwasser-Viadukts!

alten Webstühlen wunderschöne Decken, Schals oder Teppiche aus Seide, Wolle und Leinen her. Du kannst zusehen oder in Kursen lernen, wie's geht. *N5*

15 TARASP

Das *Schloss* von Tarasp überragt sogar die dichten Arvenwälder über dem Inn. Wenn du die 1040 erbaute Festung besichtigen willst – und es lohnt sich, denn die prächtig-barocken Säle und Gemächer sind aufwendig restauriert worden –, dann musst du hoch hinaus: Erst über Serpentinen immer weiter Richtung Tarasp, durch Tarasp hindurch weiter nach oben und wenn du den Wagen abgestellt hast, geht es zu Fuß noch weiter aufwärts bis zum

Schlosstor. Von hier starten die *Führungen (Tage und Zeiten s. Website | Eintritt 15 Franken | schloss-tarasp.ch).* Stärken kannst du dich dann im Restaurant vom *Schlosshotel Chastè (Mo/Di geschl. | Tel. 08 18 61 30 60 | schlosshoteltarasp.ch | €€)* gleich neben dem Parkplatz; es gibt Regionales und Feinschmeckerisches. *N5*

16 SCUOL

„Wellness seit 1369" steht am Ortseingang. Und das stimmt! Mindestens so lange schon wird das Wasser aus diversen Heilquellen getrunken, das du an den Brunnen in der Stadt kostenlos kosten kannst. Lass dich von der rostroten Farbe nicht abschrecken, es schmeckt erfrischend säuerlich! Wenn das nicht reicht: Ein *Mineralwasserwanderweg (mineralquellen-scuol.ch)* führt zu 14 Heilquellen und sechs Dorfbrunnen mit Mineralwasser.

Im Stadtzentrum liegt die größte Wellnessoase, die *Bogn Engiadina (tgl. 8–21.45 Uhr | Eintritt 20–41 Franken | Via dals Bogns 323 | Tel. 08 18 61 26 00 | engadinbad.ch).* Nichts entspannt hier so sehr wie ein römisch-irisches Bad:

Dreieinhalb Stunden wirst du hier etappenweise durch Saunen und Dampfbäder, Mineralpools und Massagen geführt (online reservieren). Himmlisch!

Die Geschäftsstraße von Scuol heißt *Stradun,* auch daran merkt man: Hier wird Rumantsch gesprochen! *Allegra* statt Hallo, *A revair* statt Auf Wiedersehen – damit entlockst du dem Metzger bei *Hatecke* (phantastisches hausgemachtes Bündnerfleisch), der Kellnerin im *Café Benderer* (herrliche Nusstorte) und der Verkäuferin im Buchladen *Chantunet da Cudeschs* ein Lächeln. Garantiert!

Ganz köstlich: In der *Pensiun Aldier (in der Saison tgl. | Plaz 154 | Tel. 08 18 60 30 00 | aldier.ch | €€)* im nahen Sent kommt kunstvoll veredelt all das auf den Tisch, was in der Umgebung gezüchtet und geerntet wird. 🗺 *N4-5*

PANORAMAZÜGE

BERNINA-EXPRESS

Der Zug, der zum Unesco-Welterbe zählt, fährt täglich in zweieinhalb bis drei Stunden von St. Moritz über die Alpen ins italienische Tirano, selbst wenn am Ospizio Bernina auf 2253 m wie im Rekordwinter 2000 25 m Schnee liegen. Sogar die Signale auf der Strecke werden beheizt! Im Sommer leuchten der Lago Bianco und die Alp Grüm um die Wette, auf Tirano fährt man in einem spektakulären Kreis-

viadukt zu. Im Zug gibt es diverse kulinarische Angebote. *berninaexpress.ch*

GLACIER-EXPRESS ⭐

Der „langsamste Schnellzug der Welt" besteht zu Recht nur aus Panoramawagen! Acht Stunden braucht er von St. Moritz bis nach Zermatt im Wallis. Auf dem Weg siehst du nicht nur die schönsten Panoramen der Schweizer Alpen – der Zug fährt am Oberalppass bis auf 2033 m Höhe! –, sondern auch architektonische Wunder: das *Landwasser-Viadukt* auf fünf 65 m hohen Bogenpfeilern etwa oder die spektakulär verschnörkelte Strecke durch die *Albulaschlucht*.

Im Sommer ist es manchmal schwer, noch einen Platz zu reservieren: Dann nimmst du einfach einen der anderen Züge, die auf derselben Strecke fahren. So sparst du die Reservierungsgebühr und kannst dazu noch jederzeit aussteigen. *glacierexpress.ch*

INSIDER-TIPP
Fahren und sparen

TIERE HÜTEN, MELKEN, KÄSE MACHEN

Wenn die Kühe, Schafe oder Ziegen Ende Mai, Anfang Juni auf die Alp ziehen, dann ziehen die Hirten mit ihnen. Den Sommer über bleiben sie auf den hoch gelegenen Bergwiesen bei den Herden, hüten die Tiere, melken sie und stellen Käse her, der später ins Tal gebracht wird – nur so kann die Milch haltbar gemacht werden. Die Arbeit ist anstrengend, schließlich sind die Herden oft einige Hundert Tiere groß. Doch vor allem die Einsamkeit macht vielen zu schaffen. Andere hingegen zieht sie geradezu magisch an. Vor allem Frauen ziehe es immer häufiger „z'Alp", berichten Ausbilder. Die Journalistin Daniela Schwegler ging mit der Fotografin Vanessa Püntener der Frage für ihr Buch „Traum Alp" nach: Sie besuchten Politologinnen, Krankenschwestern, Ingenieurinnen zwischen 20 und 75, die die Alp zu ihrer neuen Heimat gemacht haben.

TESSIN

SONNIG, SÜSS UND LEBENSFROH

Im Tessin küsst Italien die Schweiz. Eben sind die Alpengipfel noch schroff, grau und schneebedeckt – und dann, langsam, immer mehr, leuchten die Flanken smaragdgrün in dem südlichen Licht, das die Tessiner *la luce* nennen.

Steile Bergrücken weichen rund geformten Zuckerhüten. Dazwischen leuchten Seen und bald auch terrakottafarbene Häuser, Kirchen, *campanili*. Das Leben ist süßer, alles ein Stück entspannter als nördlich der Alpen, aber dennoch schweizerisch-geordnet. Das Para-

Hoch über Locarno liegt die Wallfahrtskirche Madonna del Sasso

dies südlich der Alpen ist zudem so nah wie nie: Der Gotthard-Basis-
tunnel – mit 57 km der längste Eisenbahntunnel der Welt – hat die
Reisezeit von Zürich nach Bellinzona auf nicht einmal eindreiviertel
Stunden verkürzt, ganz ohne Stau auf der Gotthard-Autobahn.
Genieß die großartigen Städte, die mondänen Badeorte an den
Seen, aber mach unbedingt auch einen Abstecher ins malerische
Hinterland, das nicht umsonst seit mehr als einem Jahrhundert
Künstler und Freigeister aus aller Welt anzieht.

TESSIN

Gordevio

San Bartolomeo
Vogorno

Russo
Loco
Mergoscia
Berzona
(Verzasca)

Mosogno
Avegno

Cavigliano
Verscio
Contra
Tenero-Contra

Intragna
Tegna
Locarno
S. 107
Tenero
Gordola

Verdasio
Madonna del Sasso ★
Minusio

Piazza Grande ★
Lido Locarno

Arcegno
Monte Verità **3** **2** Ascona
Magadino

Ronco sopra Ascona
Vira
(Gambarogno)

Piazzogna

San Nazzaro
Lago Maggiore

Brissago
Gerra
(Gambarogno)

Caviano

San Bartolomeo
Pino sulla Sponda del Lago Maggiore

ITALIA
Tronzano Lago Maggiore

Biegno

Musignano
Armio

I Ronchi
Curiglia

Cannobio
Sarangio
Cadero

Garabiolo

Maccagno
Fescoggia
Breno

Trarego
Viggiona
Agra
Due Cossani

Stivigliano
Miglieglia

Cannero
Colmegna
Dumenza
Astano
Aranno

Cassino
Poppino
Novaggio

Rèsega di Barbè
Sessa
Curio

Luino

42 km, 50 Min.

MARCO POLO HIGHLIGHTS

★ **HERMANN-HESSE-MUSEUM**
Aquarelle, Bücher, Bergdorfidylle: in Montagnola dem berühmten Autor nachspüren ➤ S. 113

★ **LUGANO ARTE E CULTURA (LAC)**
Luganos Kulturtempel zwischen Altstadt und See ➤ S. 111

★ **MADONNA DEL SASSO**
Barocke Wallfahrtskirche hoch über Locarno ➤ S. 109

★ **MONTEBELLO**
In Bellinzona: eine Burg wie aus Game of Thrones ➤ S. 106

★ **MORCOTE**
Traumhaftes Tessiner Dorf über dem Lago di Lugano ➤ S. 113

★ **PIAZZA GRANDE**
Das Herz von Locarno: immer großes Kino, nicht nur zur Zeit des Filmfestivals ➤ S. 107

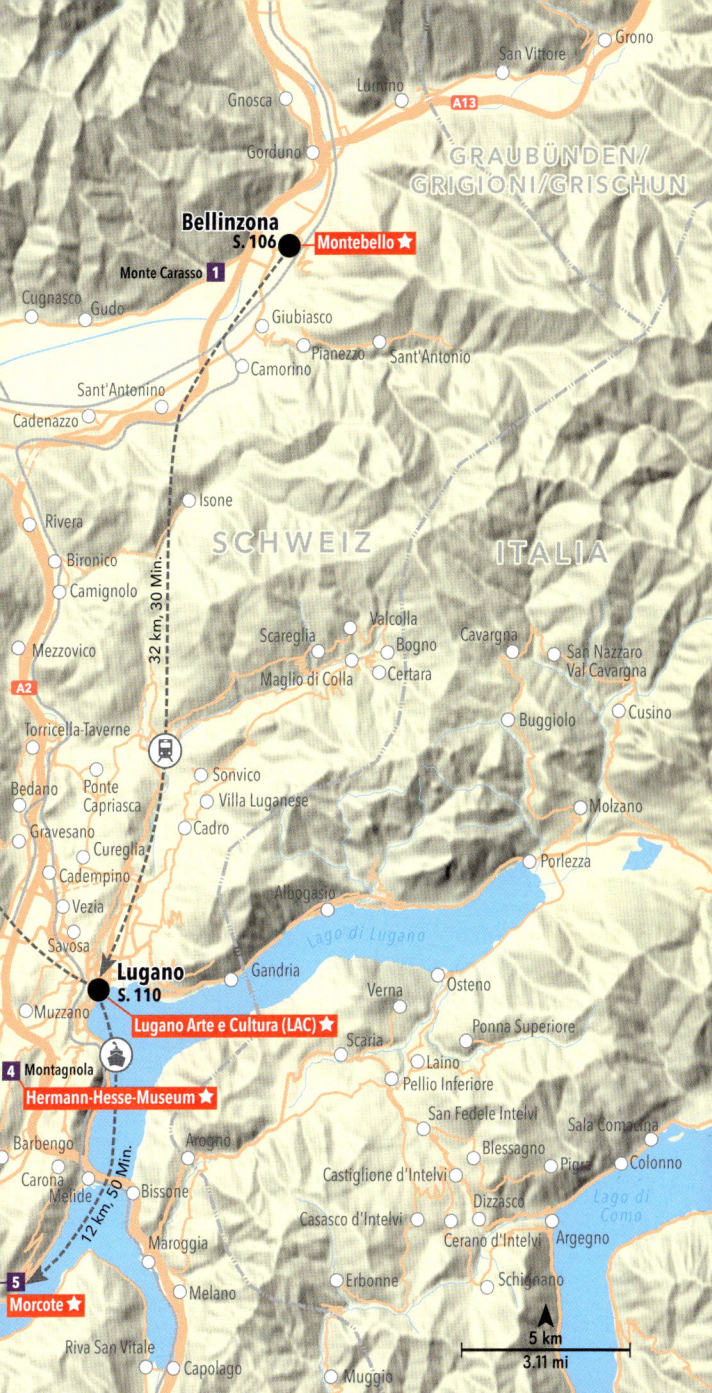

BELLINZONA

(☐ K7) **Schlüssel und Tor zu Italien, so wurde Bellinzona (18 000 Ew.) schon im Mittelalter genannt.**
An den Mauern und den drei Burgen, die das Tal damals wie einen Riegel absperrten, kamen weder Händler noch Soldaten vorbei. Erahnen kann man das bis heute, wenn nachts die *castelli* angeleuchtet werden. Kein Wunder, dass das Ensemble Weltkulturerbe ist!

SIGHTSEEING

CASTELGRANDE

Diese Steine sind ganz schön alt: Schon in der Altsteinzeit war der Hügel im Herzen von Bellinzona besiedelt. Vor mehr als 1600 Jahren wurde dann die erste Befestigung gebaut, immer wieder verändert und im letzten Jahrhundert komplett renoviert. Kirchen, steile Gassen, Häuser schmiegen sich an den Burghügel. Die Burg macht ihrem Namen alle Ehre – die Anlage ist wirklich riesig! Wirf auch unbedingt einen Panoramablick vom weißen Turm, der *Torre Bianca*, zu den anderen Burgen. Das *Museum* im Südflügel ist der Stadtgeschichte gewidmet. *Mauern und Museum März–Okt. tgl. 10–18, Nov.–Feb. 10.30–16, Burghof März–Okt. Mo 10–18, Di–So 9–22, Nov.-Feb. 10.30–16 Uhr | Eintritt 5 Franken*

MONTEBELLO ⭐

Ein herrlicher Wanderweg durch die Weinberge führt zu dieser Burg, die der Serie „Game of Thrones" entsprun-

gen sein könnte: Hier stimmt jedes Detail wie etwa die Wackersteine als Gegengewichte der Zugbrücke.  Spazier mal auf dem Wehrgang die Zinnen entlang wie Jon Schnee und seine Gefährten der Nachtwache! Im historischen *Museum* kannst du sehen, wie schwer (und stumpf!) Schwerter, Hellebarden und Musketen wirklich waren. *April–Okt. tgl. 10–18 Uhr, Nov.–März nur Außen- und Innenhöfe geöffnet | Eintritt 5 Franken*

SASSO CORBARO

Im höchstgelegenen der drei Castelli sind die Innenräume so edel wie eh und je: in dunklem Holz getäfelte Wände und Decken, ornamentierte Möbel. So lebten die Edelmänner, während ihre Feinde im Keller schmoren mussten. Im Innenhof riecht es verführerisch von der Küche der *Osteria (Mo geschl. | €€)* herüber. Hier kannst du dich für den Aufstieg belohnen. *April–Okt. tgl. 10–18 Uhr, Nov.–März nur Außen- und Innenhöfe geöffnet | Eintritt 5 Franken*

ESSEN & TRINKEN

PEDEMONTE

Am weinberankten Haus hinter dem Bahnhof (Fußgängerbrücke über die Gleise) weist nur der kleine Glaskasten mit dem Menü auf die Osteria hin. Aber das Essen! Erstklassige Tessiner Hausmannskost, serviert von der Wirtin selbst. *Mo und außer So mittags geschl. | Via Pedemonte 12 | Tel. 09 18 25 33 33 | €€*

Bilderbuchburg mit Wehrgang, Zugbrücke und mächtigem Burgfried: Montebello

SAN MICHELE

Im ehemaligen Zwinger des Castelgrande werden saisonale Tessiner Spezialitäten wie Gnocchi mit knusprigem Speck und Bärlauchsauce serviert. Von der Terrasse des Grotto genießt du einen phantastischen Ausblick. *So-Abend und Mo geschl.* | Tel. 09 18 14 87 81 | €€

RUND UM BELLINZONA

1 MONTE CARASSO

*3 km südwestlich von Bellinzona/
15 Min. mit dem Bus bis Haltestelle
Cunvént*

270 m lang ist der *Ponte Tibetano Carasc (carasc.ch)*, die Hängebrücke, die das Tal der Sementina im Rücken von Monte Carasso überspannt. Traust du dich? Nervenkitzel ist auf der schwankenden Brücke garantiert. Um hinzukommen, gehst du auf eine dreieinhalbstündige Rundwanderung durch die schroffe Berglandschaft und die Kastanienwälder des Tessins, die in Monte Carasso beginnt. Auch für Ungeübte! Einkehren kannst du auf halber Strecke im Steinhüttendorf *Curzútt*. 🗺 J–K7

INSIDER-TIPP
Durchhängen für Mutige

LOCARNO

(🗺 J7) **Die ⭐ Piazza Grande, der riesige, von Arkaden umgebene Platz, auf dem während des Filmfestivals bis zu 8000 Zuschauer Platz finden, ist das Herz der 16 000-Ew.-Stadt am Lago Maggiore.**

Egal, wo du langgehst: Früher oder später landest du immer wieder hier! Nur ein paar Schritte entfernt: der See oder die engen Gassen der Altstadt mit ihrem geschlossenen Ensemble aus Stadthäusern, von denen einige schon Patina angesetzt haben. Übrigens: Bloß nicht von den Massen abschrecken lassen, wenn Filmfestival ist. Meist gibt es noch Karten für denselben Tag und eine Vorführung auf der Piazza ist ein tolles Erlebnis!

INSIDER-TIPP
Last-Minute-Plätzchen auf der Piazza

SIGHTSEEING

CASTELLO VISCONTEO

In der mittelalterlichen Stadtburg der Mailänder Visconti-Dynastie ist heute ein Museum untergebracht. Ein Thema: die Geschichte des Vertrags von Locarno, der den Ersten Weltkrieg beendete. Hättest du's gewusst? Vor dem Kastell sind die Überreste einer Verteidigungsanlage zu sehen, die das italienische Genie Leonardo da Vinci geplant haben soll – es wäre das einzige erhaltene Bauwerk von ihm. *April–Okt. Di–So 10–12 und 14–17 Uhr | Eintritt 15 Franken | Via Al Castello 1 | castellolocarno.ch | ⊙ 45 Min.*

GHISLA ART COLLECTION

Wer kennt das nicht? Da sammelt man jahrzehntelang Werke der wichtigsten zeitgenössischen und modernen Künstler und weiß nicht, wohin damit. Was tun? Das Ehepaar Ghisla ließ in dieser Lage ein Haus nahe der Piazza Grande zu einem modernen Kubus in

Im Rücken von Locarno erhebt sich die Wallfahrtskirche Madonna del Sasso über die Stadt

leuchtendem Rot umbauen. Jetzt herrscht bei Ghislas zu Hause wieder Ordnung und du kannst Mirós, Lichtensteins oder Picassos bestaunen. *Mitte März–Mitte Jan. Mi–So 13.30–18, Nov.–Mitte Jan. nur bis 17.30 Uhr | Eintritt 18 Franken | Via Ciseri 3 | ghisla-art. ch | ⏲ 1 Std.*

MADONNA DEL SASSO ⭐

Die barocke Wallfahrtskirche mit ihren reichen Fresken und Kunstwerken (unbedingt die bunt bemalten Gewölbe der Basilika besichtigen!) liegt auf einem Felssporn über Locarno. Hier soll ein Mönch einst die Muttergottes erblickt haben. Zur Kirche führt ein Kreuzweg quer durch den Wald, alternativ nimmst du die *Standseilbahn (Abfahrt gegenüber vom Bahnhof | einfache Fahrt 4,80 Franken).*

ESSEN & TRINKEN

BLU RESTAURANT & LOUNGE BAR

Modernes Designrestaurant mit Lounge (Fr/Sa Livemusik) am Lido von Locarno. Mittwochs bis sonntags serviert Chef Takuro Amano Sushi, sonst stehen moderne italienische Küche und alles vom Grill auf der Karte. *Tgl. | Via Respini 9 | Tel. 09 17 59 00 90 | blu-locarno.ch | €€*

LO STALLONE

Auf 1486 m über dem Lago Maggiore hast du einen einmaligen Blick auf Locarno und die umliegenden Gipfel. Da schmeckt die auf dem Holzfeuer gekochte Polenta noch besser als ohnehin schon. *Mi/Do geschl. | Alpe Cardada (30 Min. von der Seilbahn) | Tel. 09 17 43 61 46 | stallone.ch | €€*

STRAND

LIDO LOCARNO 🦶 🏊

Egal ob Regen oder Sonne, hier treffen sich Wasserfreunde: Außen- und Innenbecken, Wasserrutsche, 10-m-Turm, Spa und ein Strand zum Lago Maggiore mit riesiger Liegewiese. *Tgl. 8.30–20 (Mo–Fr bis 21, Di und Do ab 7.30) Uhr | Eintritt 13 Franken (18 Franken mit Rutschen), Kinder bis 15 Jahre 7/11 Franken | Via Respini 11 | lidolocarno.ch*

RUND UM LOCARNO

🔢 ASCONA

2 km westlich von Locarno/12 Min. mit dem Bus

Ascona ist der Ort, an dem man vergisst, dass die Schweiz nicht am Mittelmeer liegt: der *Lungolago,* die Promenade mit den bunten Fassaden, den Palmen und Yachten; die verwinkelten Gässchen mit dem Campanile von *San Pietro e Paolo,* die dahinter steil aufragenden Berge. Spürst du die Eleganz des frühen 20. Jhs., als Ascona zum Badeort der Schönen, der Reichen und der Kreativen avancierte? Doch Ascona hat sich auch – ein bisschen – neu erfunden. Jüngere Urlauber treffen sich abends auf einen Cocktail in der *Sea Lounge* des *Restaurants Seven (tgl. | Via Moscia 2 | seven. ch)* oder in zweiter Reihe in der *Tucano Bar (tgl. | Via Collegio 18).* In der *Osteria Nostrana (tgl. | Lungolago | Tel.*

09 17 91 51 58 | €) gibt es die beste Pizza der Stadt.

Für Ausflüge am See kannst du bei der *Touristinformation (Viale Papio 5 | Tel. 08 48 09 10 91 | ascona-locarno. com)* E-Bikes leihen. Auf dem See ist Stand-up-Paddling angesagt – Kurse und Verleih bei *SUP Ascona (supasco na.ch).* 📍 *J7*

🟪 MONTE VERITÀ

4 km westlich von Locarno/10 Min. über Ascona

Auf dem „Berg der Wahrheit" wurden Anfang des 20. Jhs. Utopien Wirklichkeit: Dichter, Philosophen und Freigeister gründeten eine Kolonie, um (gerne nackt) ihren Traum von einem besseren Leben zu verwirklichen. Vegetarische Ernährung, Teeanbau und Luftduschen gehörten dazu. Was es damit auf sich hatte, erfährst du im Museum in der *Casa Anatta (April–Okt. Mi–So 14–18, So auch 10–13 Uhr | Eintritt 12 Franken | ⏱ 1 Std.),* bei einer Führung oder auf eigene Faust bei einem Gang über das Gelände mit der Besucherapp (vor Ort aufs Smartphone laden).

INSIDER-TIPP
Führ dich selbst

Kunst, Lesungen, Debatten: Das gibt es hier bis heute (Programm auf *monteverita.org*), dazu das ausgezeichnete *Restaurant (April–Okt. tgl. | €€).* Auf dem Gelände steht auch ein historisches *Teehaus (Mi–So 13.30–17/18 Uhr),* wo man Teezeremonien beiwohnen kann. Am besten, du verbindest den Besuch mit einem Spaziergang: Über knapp 800 Stufen führt die *Scalinata della Ruga* von Ascona auf den Monte Verità. 📍 *J7*

LUGANO

(📍 J8) **Was für eine Stadt! Die dicht bewaldeten Berge, der tiefblaue See, die Uferpromenade mit den Palazzi und Grandhotels. Aber auch hochmoderne Architektur, allen voran das LAC, der 2015 eröffnete Kulturpalast Luganos.**

Nicht einmal 70 000 Menschen leben in der größten Stadt des Tessins und doch brodelt hier das Leben. Studenten und Banker, Händler und Urlauber sitzen am Abend nebeneinander am Seeufer und können es alle kaum fassen, wie schön diese in die Berghänge hineingebaute Stadt ist. Übrigens so steil hineingebaut, dass man vom Bahnhof zum Seeufer am besten per Standseilbahn fährt.

SIGHTSEEING

KATHEDRALE SAN LORENZO

Luganos 818 erbaute Kathedrale über der Stadt mit Panoramablick auf den See. Draußen: die Wetterfassade, die mit Pfeilern und Gesims als Meisterwerk der lombardischen Renaissance gilt. Drinnen: Fresken, auf denen u.a. die Hölle zu sehen ist, und ein Marmoraltar, auf dem ein Bild San Lorenzo und San Rocco mit der Jungfrau Maria zeigt. *Via Borghetto 2*

SANTA MARIA DEGLI ANGIOLI

Außen unscheinbar, aber innen: wow! Lass diese Kirche nicht links liegen – schon wegen des riesigen Freskos der Kreuzigung, das eine ganze Wand einnimmt. *Piazza Bernardino Luini*

Knorrige alte Platanen flankieren die Promenade von Ascona am Lago Maggiore

LUGANO ARTE E CULTURA (LAC) ⭐ ☂

Glas, dunkler Naturstein und gerade, klare Linien: gewagt, wie der Tessiner Architekt Ivano Gianola das moderne Kulturzentrum direkt an der Altstadt, aber mit Seeblick geplant hat. Der Plan ist aufgegangen – Lugano hat ein neues Wahrzeichen. Besuch unbedingt eine der Wechselausstellungen oder ein Konzert im grandiosen Saal mit 1000 Plätzen und toller Akustik. *Sa–Mi 11–18, Do 11–20 Uhr | Piazza Bernardino Luini 6 | luganolac.ch*

ESSEN & TRINKEN

CONVIVIO

In der historischen Passage mit Mosaikboden genießt du modern-rustikale Küche: saisonale Pastagerichte, vielfältige Salate, Burger vom Holzkohlegrill. Dazu eine von sechs Fassbiersorten. *So geschl. | Passaggio Galleria/Via della Posta 2 | Tel. 09 19 21 39 03 | con vivio-lugano.ch | €€*

LA TINERA

Grotto mit Tessiner Spezialitäten nicht weit von der Piazza Riforma: Hier gehen die Luganer essen. *So geschl. | Via dei Gorini 2 | Tel. 09 19 23 52 19 | tine ralugano.business.site | €–€€*

GABBANI

Von der Decke hängen beindicke Salamis, an der Theke duftet knusprige Pizza neben herrlich klebriger *torta di pane* (Brotkuchen) und dick mit selbst gemachter Wurst belegten *panini*. Ein Schlaraffenland mitten in Luganos Altstadt – zum Mitnehmen oder Gleicham-Tisch-Reinziehen, dazu ein Glas Tessiner Merlot. *So geschl. | Via Pessina 12/Piazza Cioccaro 1 | Tel. 09 19 11 30 83 | gabbani.com | €*

RISTORANTE GRAND CAFÉ AL PORTO

Künstler und Literaten trafen sich einst in dem 1803 eröffneten Kaffeehaus. Außer edlem Gebäck gibt es auch eine kleine Karte mit ebensolchen Gerichten. *So geschl. | Via Pessina 3 | Tel. 09 19 10 51 33 | grand-cafe-lugano.ch | €€–€€€*

PARK & STRAND

PARCO CIANI & LIDO

Palmen, Pinien, Platanen und der See: Im Parco Ciani lassen die Luganer ihren Tag ausklingen. Atme tief durch, mach Picknick auf einer der Liegewiesen oder geh schwimmen im benachbarten *Lido (Mai und Sept. tgl. 9–19, Juni–Aug. 9–19.30 Uhr | Eintritt 11 Franken).*

AUSGEHEN & FEIERN

EL MOJITO TROPICAL LOUNGE

Liegestühle, ein paar Tische und Klappstühle plus Seeblick: Fertig ist die improvisierte Strandbar mit einer jungen Crowd und total lockerer Atmosphäre. *Tgl. ab 17 Uhr | Riva Giocondo Albertolli (neben dem Schiffsanleger)*

RUND UM LUGANO

🔟 MONTAGNOLA

6 km südwestlich von Lugano/15 Min. mit dem Bus

In dem malerischen Bergdorf hat der Dichter Hermann Hesse 40 Jahre lang gelebt. Ein Teil der Casa Camuzzi, wo Hesse logierte, ist heute das ⭐ *Hermann-Hesse-Museum (März–Okt. tgl., Nov.–Feb. Sa/So 10.30–17.30 Uhr | Eintritt 8,50 Franken | Torre Camuzzi | hessemontagnola.ch | ⏱ 1 Std.)*. Im engen Haus öffnet sich die weite Welt des Autors, der hier u. a. „Siddhartha", „Narziß und Goldmund" und „Das Glasperlenspiel" schrieb: sein Streit mit der Fremdenpolizei, seine Bibliothek, die sanften Aquarelle. Inspiration dafür war die romantische Landschaft, die du auf einem zweistündigen Rundgang (Audioguide im Museum) selbst erleben kannst. Stationen: Hesses Grab, seine Lieblingsorte und das *Grotto del Cavicc (außer Juni-Aug. Di geschl. | Tel. 07 94 64 44 83 | grottocavicc.ch | €)*, wo du – wie einst Hesse – unbedingt einen Happen zu dir nehmen solltest. 🛏 *J8*

INSIDER-TIPP
Auf Hesses Spuren wandeln

5 MORCOTE ⭐ 🏴
12 km südlich von Lugano/50 Min. mit dem Schif

Ein Labyrinth aus kopfsteingepflasterten Gässchen und steilen Treppen, zwischen den lehmziegelgedeckten Dächern blitzt der See und ganz oben thront der Campanile der Kirche *Santa Maria del Sasso*: Morcote ist ein Dorf wie aus einem Traum vom Tessin. Am besten erreicht man es mit dem Dampfschiff von Lugano aus *(Abfahrt mehrmals tgl. | lakelugano.ch)*.

An diesem paradiesischen Ort hat sich der Unternehmer Arthur Scherrer sein eigenes Paradies geschaffen, den *Parco Scherrer (Mitte März–Okt. tgl. 10–17, Juli/Aug. bis 18 Uhr | Eintritt 7 Franken)*: ein Wundergarten voller Skulpturen, Zierbauten (mehrere Tempel) und natürlich Pflanzen – im Frühjahr atmest du den Duft von Forsythien und Rhododendren schon ein, lange bevor du das Eingangstor siehst. 🛏 *J8*

Gleich schauen Nymphen aus dem Grün: Der wundervolle Parco Scherrer in Morcote

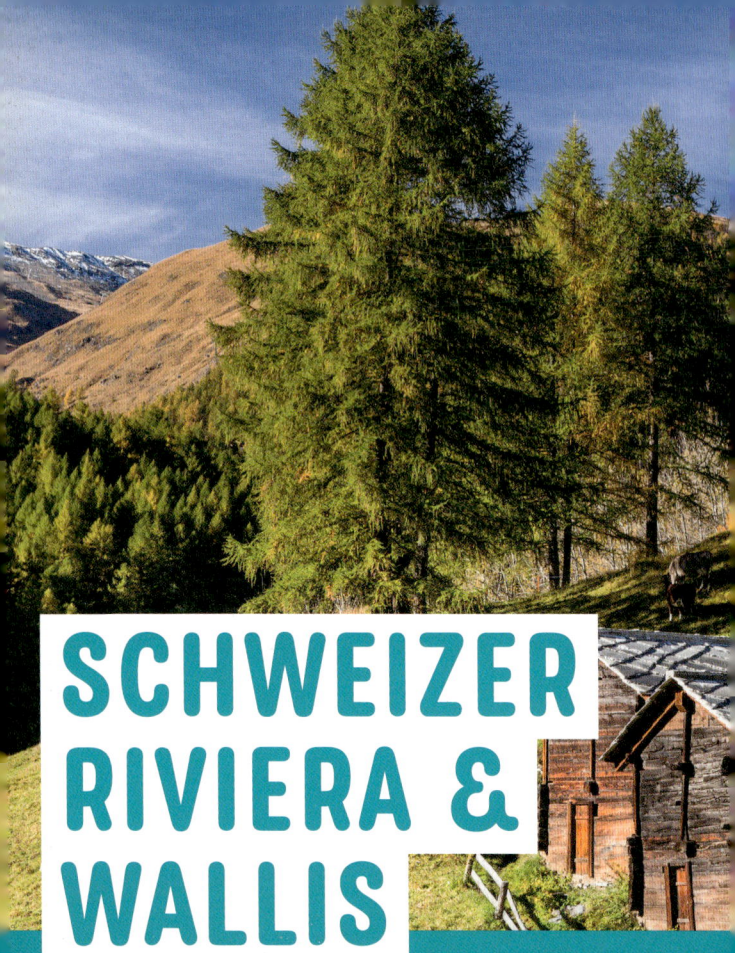

SCHWEIZER RIVIERA & WALLIS

GIPFELSTURM UND SEENSUCHT

Zwischen Genfer See und Matterhorn erwartet dich eine der vielseitigsten und buntesten Urlaubsregionen der Schweiz: Palmen und satte Weinreben, glitzernde Wellen und schneebedeckte Gipfel. Die Sonnenseite des Genfer Sees wird aus gutem Grund Waadtländer Riviera genannt. Direkt dahinter erstreckt sich das Wallis mit den höchsten Bergen der Schweiz.

41 Viertausender erheben sich über dem lang gestreckten Rhônetal, unter ihnen der höchste Berg der Schweiz, die Dufourspitze

Dank seines markanten Profils unverwechselbar: das Matterhorn

(4634 m). Reißende Bergbäche und die Gletscher, die die Rhône mit Wasser speisen, verbinden oben und unten. Im Winter ist das Wallis ein Paradies für erfahrene Skifahrer, im Sommer auch für Bergwanderer und Bergsteiger. Das Panorama ist einzigartig – ganz besonders gilt das natürlich für den berühmtesten Berg der Schweiz, das Matterhorn. Sowohl Riviera als auch Wallis sind von der Sonne verwöhnt: Mit 300 Sonnentagen pro Jahr protzt das Wallis, mehr als irgendwo sonst in der Schweiz.

SCHWEIZER RIVIERA & WALLIS

Hauteville

Schwarzsee

Weissenbach

Broc

Gruyères

Im Fang

Grubenwald

Enney

Semsales

Moléson

Villars-sous-Mont

Ablandschen

Saanenmöser

Palézieux

Forel

Palézieux-Gare

Albeuve

Savigny

La Croix

Bossonnens

Attalens

Rougemont

Saanen

3 Lavaux

Montbovon

Château-d'Œx

Gstaad

Chaplin's World ★ **2**

4 Les Pléiades

Les Moulins

Lauenen

Vevey **1**

Place du Marché ★

Feutersoey

Le Léman

Montreux

S. 118

5 Rochers de Naye

149 km, 2 Std. 40 Min.

Gsteig

Meillerie

3 km, 25 Min.

6 **Château de Chillon** ★

Villeneuve

Rennaz

Le Sépey

Les Evouettes

7 Lac de Taney

Vers l'Église

8 Glacier 3000

Aigle

La Chapelle-d'Abondance

Vionnaz

Ollon

VAUD

Glarey

A9

Châtel

9 Salzbergwerk Bex

Chandolin

Abondance

Monthey

Les Plans

Massongex

Ardon

Sion/Sitten **11**

Troistorrents

Lavey

Chamoson

Fey

Aproz

Val-d'Illiez

Lavey-les-Bains

Montriond

Evionnaz

Saillon

Riddes

Morzine

Champery

La Balmaz

Saxé

Villy

Vernayaz

Fully

FRANCE

Verbier

Finhaut

10 Martigny

Sembrancher

Cotterg

Samoëns

Les Valettes

Champsec

Trient

Orsières

Loutier

Sixt-Fer-à-Cheval

Vallorcine

Champex-Lac

Fionnay

Flaine

Argentière

Rive Haute

Liddes

Praz-de-Fort

Bourg-Saint-Pierre

La Fouly

MARCO POLO HIGHLIGHTS

★ **ALETSCHGLETSCHER**
Der längste Gletscher der Schweiz reicht vom Eiger bis ins Wallis ➤ S. 126

★ **CHAPLIN'S WORLD**
In den Studios neben seiner Villa gibst du selbst den Chaplin ➤ S. 120

★ **CHÂTEAU DE CHILLON**
Märchenschloss mitten im Genfer See ➤ S. 121

★ **GORNERGRAT**
Auf Augenhöhe mit dem berühmten Matterhorn ➤ S. 124

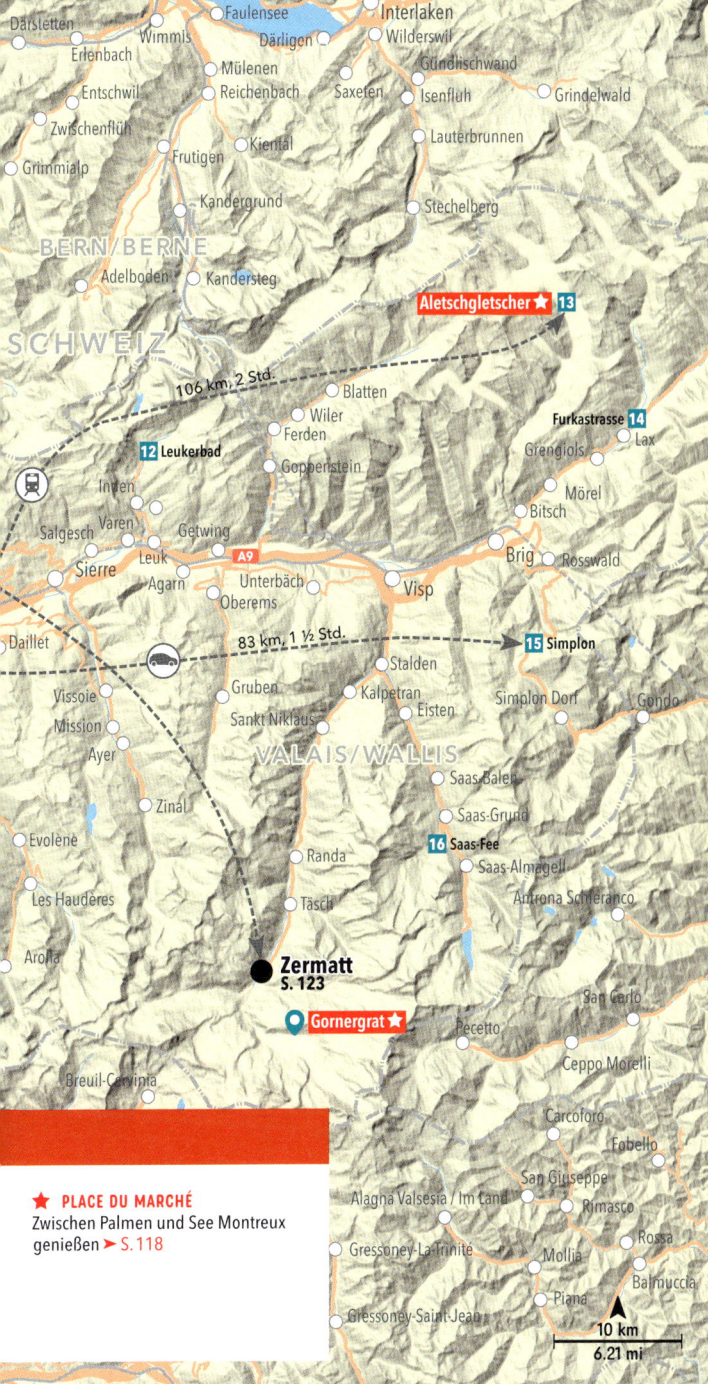

Interlaken
Faulensee
Därstetten
Erlenbach
Wimmis
Därligen
Wilderswil
Gündlischwand
Entschwil
Mülenen
Saxeten
Isenfluh
Grindelwald
Reichenbach
Zwischenflüh
Kiental
Lauterbrunnen
Grimmialp
Frutigen
Stechelberg
Kandergrund
BERN/BERNE
Adelboden
Kandersteg

SCHWEIZ

Aletschgletscher ★ `13`

106 km, 2 Std.
Blatten
Wiler
Ferden
Furkastrasse `14`
`12` **Leukerbad**
Grengiols
Lax
Inden
Gampel
Mörel
Varen
Bitsch
Salgesch
Getwing
Brig
Rosswald
Sierre
Leuk
A9
Agarn
Unterbäch
Oberems
Visp
Daillet
83 km, 1½ Std.
`15` **Simplon**
Vissoie
Stalden
Gruben
Kalpetran
Simplon Dorf
Gondo
Mission
Sankt Niklaus
Eisten
Ayer
Zinal
VALAIS/WALLIS
Saas-Balen
Evolène
Saas-Grund
Les Haudères
Randa
`16` **Saas-Fee**
Saas-Almagell
Arolla
Täsch
Antrona Schieranco

● **Zermatt**
S. 123
San Carlo
◉ **Gornergrat ★**
Pecetto
Ceppo Morelli
Breuil-Cervinia
Carcoforo
Fobello
San Giuseppe
Alagna Valsesia / Im Land
Rimasco
Rossa
Gressoney-La-Trinité
Mollia
Balmuccia
Piana
Gressoney-Saint-Jean

10 km
6.21 mi

★ **PLACE DU MARCHÉ**
Zwischen Palmen und See Montreux
genießen ➤ S. 118

MONTREUX

(◫ D6) **Die Hotelpaläste an der Promenade von Montreux verraten es: Schon im 19. Jh. kamen reiche Kurgäste an diesen magischen Ort, um sich bei mediterranem Klima, frischer Seeluft und grandiosem Alpenpanorama zu erholen.**

Die Stadt am Lac Léman, dem Genfer See, hat aber auch Rhythmus im Blut: Freddie Mercury von Queen hatte deshalb hier sein Studio, das Casino hat ihm eine Dauerausstellung gewidmet. Seit mehr als 50 Jahren findet in Montreux jährlich das berühmte Jazzfestival statt, bei dem auch Blues und Rock zu Gehör gebracht werden – B. B. King und Leonard Cohen haben hier gespielt, Prince und Jethro Tull. Als während eines Frank-Zappa-Konzerts der Saal niederbrannte, schrieben Deep Purple darüber ihren Welthit „Smoke on the Water".

SIGHTSEEING

PLACE DU MARCHÉ ★

Blickfang ist die verschnörkelte *Markthalle* im Jugendstil, in der auch Konzerte stattfinden. Die meisten Besucher aber machen am Ufer halt, wo eine Statue an Freddie Mercury erinnert, davor immer eine frische Rose. Auf der großen, runden *Seeplattform* kannst du innehalten und die Alpen anschmachten, die nirgends so schön sind wie hier. Und huch, was ist der rote Kasten da? Eine Telefonzelle? Nein,

Kein Jazzfestival findet vor einer solch grandiosen Kulisse statt wie das von Montreux

eine spaßige *Kunstinstallation* im Stil von Jean Tinguely, die der ortsansässige Künstler Pascal Bettex *(bettexmatic. com)* aufgestellt hat.

QUEEN – THE STUDIO EXPERIENCE

„This could be heaven for everyone": Nur einer der Songs, die Freddie Mercury und seine Band Queen 1995 hier aufnahmen. „Made in heaven" wurde sein letztes Album. Das *Mountain Studio* im Casino, wo Queen seit 1979 einspielten, ist jetzt ein Museum mit Erinnerungsstücken aus der Bandgeschichte. Das Mischpult ist noch das, an dem Freddie und Brian May saßen. Was sie da taten? Probierst du am besten selber aus: Besucher können Hand anlegen und ihre eigenen Queen-Tapes remixen. *Tgl. 10.30–22 Uhr | Eintritt frei | Casino Barrière de Montreux | Rue du Théâtre 9 | queen studioexperience.com*

ESSEN & TRINKEN

MOLINO MONTREUX

Knusprige Pizzen und allerlei Pasta gleich neben dem Marktplatz mit garantiert familienfreundlicher Bedienung und Blick auf den See. *Tgl. | Place du Marché 6 | Tel. 02 19 65 13 34 | molino.ch | €*

MONTREUX JAZZ CAFÉ

Stylishes Caférestaurant mit saftigem Entrecôte, Edel-Burgern oder Hähnchen „à la Quincy Jones" im Angebot. Daneben in *Funky Claude's Bar* regelmäßig Konzerte. *Tgl. | Av. Claude Nobs 2 | Tel. 02 19 62 13 00 | montreuxjazz cafe.com | €€*

SPORT & SPASS

GLEITSCHIRMFLIEGEN

Wie wär's: Montreux, den Genfer See, das Schloss Chillon von oben sehen? Atemraubender als hier wird das Panorama nicht! Gut anderthalb Stunden dauert ein Tandemflug, bei dem ein erfahrener Pilot an deiner Seite fliegt *(Flyriviera | 170 Franken | Rue de la Poterlaz 6 | Villeneuve | flyriviera.ch).*

RUND UM MONTREUX

◼ VEVEY

7 km nordwestlich von Montreux/ 5 Min. mit der Bahn

Mit seiner blumengeschmückten Promenade und dem Marktplatz mit Panoramablick auf See und Alpen ist Vevey nicht nur ein schöner, sondern auch ein internationaler Ort: Nestlé, einer der größten Lebensmittelkonzerne der Welt, hat hier seinen Hauptsitz. Auch deshalb steht hier das *Alimentarium (Di–So 10–17, April–Sept. bis 18 Uhr | Eintritt 13 Franken | alimen tarium.org | ⏱ 1 Std.),* ein Museum mit allen Schikanen rund um Essen und Ernährung. Die in den Genfer See gesteckte Riesengabel direkt vor dem Museum ist das Wahrzeichen Veveys und, ebenso wie die Chaplin-Statue, ein beliebtes Selfiemotiv.

Im Schloss *La Tour de Peilz,* das man auf einem viertelstündigen Spaziergang den See entlang erreicht, ist das 🎭 *Schweizer Spielmuseum (Di–So*

11–17.30 Uhr | Eintritt 12 Franken, Kinder 8 Franken | Rue du Château 11 | La-Tour-de-Peilz | museedujeu.ch | ⏱ 45 Min.) untergebracht: Da wird nicht nur geguckt, sondern natürlich auch gespielt! Zwischen Befestigungsmauern und Schloss wartet ein ganzer Spieleparcours. 🗺 *D6*

2 CHAPLIN'S WORLD ⭐ 👨‍👩‍👧

10 km nordwestlich von Montreux/15 Min. über die A 9

Kein Museum, sondern tatsächlich eine ganze Welt. Da wäre erst mal die Villa, in der Charles Spencer Chaplin mit seiner Frau und den acht gemeinsamen Kindern lebte. Gleich nebenan sind Filmstudios mit Kulissen gebaut worden, in denen du selbst zum Star fast aller Chaplin-Filme wirst. Kriech durch die Zahnräder von „Moderne Zeiten", verbieg die (Gummi-)Gitter des Gefängnisses oder versuch, dich in der wackelnden Hütte aus „Goldrausch" auf den Beinen zu halten – ein riesiger Spaß! *Stark gestaffelte Zeiten s. Website | Eintritt 29 Franken, Kinder (6–15 Jahre) 19 Franken | Route de Fenil 2 | Corsier-sur-Vevey | chaplinsworld.com | ⏱ ½ Tag | 🗺 D6*

3 LAVAUX

12 km bis Rivaz nordwestlich von Montreux/15 Min. mit der S-Bahn

Weinanbaugebiet und – wegen der phantastischen Einbettung in die steilen Abhänge über dem Genfer See – Weltkulturerbe: Vor allem im Herbst, wenn sich die Reben verfärben, ist eine Wanderung durchs Far-

> **INSIDER-TIPP**
> Alles so schön bunt hier!

benmeer der absolute Wahnsinn! Mehr als 200 Winzer keltern hier einige der besten Weine der Schweiz. Unbedingt solltest du in den *caves,* den Weinkellern der Region, einen Schluck probieren! Starte deinen Besuch doch im *Vinorama (Mai–Okt. Mo-Sa 10.30–19, So 10.30–20, Nov.–April Mi–Sa 10.30–19.30, So 10.30–19 Uhr | Eintritt frei | lavaux-vinorama.ch)* in *Rivaz,* einem hübschen Weindorf: Dort gibt es Infos und Degustationen. Und du musst unbedingt ein wenig zu Fuß durch die Weinberge wandern – wenn's zu anstrengend wird, nimmt dich der *Lavaux Panoramic (lavaux-panoramic.ch)* mit, eine Bimmelbahn auf Rädern, die am Bahnhof von *Chexbres* abfährt. Mehrmals täglich fährt auch der *Lavaux Express (lavauxexpress.ch)* ab den Anlegern von *Lutry* und *Cully,* wo auch die Schiffe nach Montreux ablegen *(cgn.ch).* 🗺 *D6*

4 LES PLÉIADES 👨‍👩‍👧

15 km nördlich von Montreux/52 Min. mit der Bahn

Mit dem Panoramazug gehts von Vevey aus steil nach oben, auf 1348 m Höhe ist dann Endstation: Willkommen auf Les Pléiades, der Alp mit Panoramablick über See und Berge – und dem einzigen *Weltallweg* der Schweiz – hier kannst du (fast) nach den Sternen greifen! An vier Stationen erfährst du, wie die Jahreszeiten funktionieren, du misst die Sonnenposition am Himmel und lernst, wie Entfernungen im Weltall gemessen werden. Auf einer Wanderung läufst du das Sonnensystem ab und beobachtest unsere Galaxie. Hinter dem Weg steckt der

Was für ein Wasserschloss! Die ältesten Teile des Château de Chillon sind aus dem 11. Jh.

bislang einzige Astronaut der Schweiz, Claude Nicollier *(astropleiades.ch)*. ☐ D6

5 ROCHERS DE NAYE

10 km östlich von Montreux/49 Min. mit der Zahnradbahn

Vom Bahnhof Montreux gelangst du mit der *Zahnradbahn (hin und zurück 70 Franken | mob.ch)* auf den 2042 m hohen Felsbalkon über Montreux. Nicht nur für Kinder ist das dortige Murmeltierparadies 🐹 🦫 *Marmottes Paradis (frei zugänglich)* ein Hit! ☐ D6

6 CHÂTEAU DE CHILLON ⭐

3 km südlich von Montreux/15 Min. mit dem Schiff

Ein Wasserschloss wie aus dem Märchen – und das Beste daran: Auf einem Rundgang kannst du wirklich jeden Winkel erkunden, vom tiefsten Verlies bis zum Bergfried ganz oben, selbst die Latrinen! Stilecht näherst du dich dem Wasserschloss von der Seeseite her: Von Montreux aus steuern Dampfer das Château an *(cgn.ch)*. April–Okt. tgl. 9–18, Nov.–März 10–17 Uhr | Eintritt 13,50 Franken | chillon.ch | ☐ D6

INSIDER-TIPP
Mit Volldampf ins Schloss

7 LAC DE TANEY

25 km südlich von Montreux/45 Min. über die N 9 und Vouvry

Am Ende der Straße steht ein Haus am See: Der See heißt Lac de Taney, leuchtet strahlend blau und ist umgeben von zauberhaften Alpengipfeln. Auch das Haus hat einen Namen: Im *Refuge du Grammont (Mai–Okt. Di–Sa 11*

–19, So 11–15 Uhr | Tel. 02 44 81 11 83 | le-grammont.ch | €€) servieren Raphaëlle und Manuel Hausgemachtes aus allem, was die Umgebung hergibt. Und wo beginnt der Weg? Im Bergdörfchen *Le Flon* bei Vouvry – ein Stündchen Fußweg bringt dich hin. ☐ *D6*

schließlich landest. Hoch zur Gletscherlandschaft von *Les Diablerets* (hier gibts außerdem auch Hundeschlittenfahrten, Rodelbahn und einen Glacier Walk) kommst du mit der *Seilbahn (hin und zurück 80 Franken | glacier 3000.ch)* ab *Col du Pillon*. ☐ *E6*

In Stollen wie diesem wird das weiße Gold abgebaut: Besuch im Salzbergwerk Bex

🎱 GLACIER 3000

40 km östlich von Montreux/1 Std. über die N 9 und N 11

Von einem Berggipfel zum anderen laufen, und das (fast) durch die Luft: Der *Peak Walk* ist eine 107 m lange, nur 80 cm breite Hängebrücke für Nervenstarke. Belohnt für deinen Mut wirst du mit einem phantastischen Panorama: Mont Blanc, Matterhorn, Eiger, Mönch und Jungfrau: Alle sind sie von hier zu sehen. Und natürlich der Gipfel des *Scex Rouge,* auf dem du

🎱 SALZBERGWERK BEX

25 km südlich von Montreux/22 Min. mit der S 5

Wo kommt eigentlich das Salz im Streuer her? Aus Stollen tief unter der Erde, wie man sie in Bex besuchen kann. Ein Minenzug fährt dich in das Stollenlabyrinth hinein, das kilometerweit durch den Berg reicht. Ein Stück dürfen Hobby-Salzbergwerker sogar zu Fuß durch die Mine laufen, in der schon seit 350 Jahren Salz abgebaut wird. Tickets müssen wegen des

Andrangs vorher online gebucht werden – und einen Pulli nicht vergessen, unter Tage ist es kühl! *Terminbuchung auf der Website | Eintritt 22 Franken | Routes des Mines de Sel 55 | seldesalpes.ch | ⏱ 1¾ Std. | 🗺 D7*

🔟 MARTIGNY

40 km südlich von Montreux/26 Min. mit der Bahn

Das 18 000-Ew.-Städtchen mit gallischen Wurzeln (mehr als 2500 Jahre alt!) liegt am Anfang des Rhônetals und am Fuß des Großen Sankt Bernhard. Und dem verdankt der Ort einen echten Besuchermagnet, denn das 🐾 *Barryland (tgl. 10–18 Uhr | Eintritt 12 Franken, Kinder 8–16 Jahre 7 Franken | Rue du Levant 34 | barryland.ch | ⏱ 90 Min.)* ist ganz den Hunden gewidmet, die Hunderte von Jahren ausschließlich im Hospiz auf dem *Sankt-Bernhard-Pass* gezüchtet wurden: den Bernhardinern.

Warnung: Wenn du wirklich auf gar keinen Fall einen Hund haben willst, dann überleg es dir zweimal, ob du durch die Tür trittst. Denn ja, da ist die Ausstellung, der Film über die Geschichte der Bernhardiner und vieles Spannendes mehr. Aber vor allem sind da auch die (unverkäuflichen) Bernhardiner selbst, manche schon älter und so hoch wie ein Kind, andere erst ein paar Wochen alt. Und die sind soooooo süüüüß, dass auch der größte Hundeverächter weich wird. Glaubst du nicht? Dann probier es aus, aber sag nicht, man hätte dich nicht gewarnt. Im Sommer hat das Barryland eine Außenstelle auf dem Pass. 🗺 D7

ZERMATT

(🗺 F7–8) **Das Bergdorf Zermatt unterm Matterhorn ist die Schweiz aus dem Bilderbuch – nur schöner: Autos müssen draußen bleiben.**

Die müssen spätestens 6 km nördlich in *Täsch* parken, stattdessen fahren Kutschen an den steinernen und hölzernen Fassaden vorbei. 6000 Ew. hat Zermatt. Und egal, von wo du in den Himmel guckst: Das 4478 m hohe *Matterhorn* hast du immer im Blick. Im Winter gibt es 360 km Pisten und selbst im Hochsommer ist – zumindest bislang – am Kleinen Matterhorn Wintersport angesagt.

SIGHTSEEING

MATTERHORN-MUSEUM ZERMATLANTIS 🎏

Im Museum steigst du hinab in das nachgebaute Zermatt aus der Zeit der Erstbesteigung, als die Seilschaft um Edward Whymper am 14. Juli 1865 zwar den Gipfel erreichte – doch nur drei der sieben Bergsteiger es auch wieder nach Zermatt schafften. Vier stürzten ab, das beim Abstieg gerissene Seil gehört zu den Ausstellungsstücken. *Juli–Sept. tgl. 14–18, Jan.–Juni und Okt. 15–18, Nov./Dez. Fr–So 15–18 Uhr | Eintritt 10 Franken | Kirchplatz | zermatt.ch/museum | ⏱ 45 Min.*

BERGSTEIGERFRIEDHÖFE

Viele der mehr als 450 Bergsteiger, die in den vergangenen 150 Jahren ihr Leben am Matterhorn verloren haben, liegen auf einem der Friedhöfe von *St. Mauritius* oder dem der *St. Peter's Church.* Restaurierte Grabsteine sind an der Pfarrkirche aufgestellt.

GLETSCHERGARTEN DOSSEN

Ab Zermatt mit der Zahnradbahn bis zur Station Furi auf 1953 m und von dort etwa 30 Minuten zu Fuß: Dort kannst du dir ansehen, mit welcher Gewalt der Gornergletscher bei seinem Rückzug das Gestein verformt hat. Der Rundweg führt über eine 100 m lange Hängebrücke zu aus dem Granit ausgewaschenen Kesseln, den sogenannten Gletschertöpfen. Ein Themenweg, der die Auswirkungen des Klimawandels auf die Gletscher zeigt, führt bis zum Tor am Ende des Gletschers. *Eintritt frei*

IGLUDORF ZERMATT

Cooler gehts nicht: Im Winter steht oberhalb von Zermatt ein echtes Igludorf. Dazu gehört auch ein stilechtes *Iglu-Restaurant (tgl. , abends nur nach Anmeldung | Tel. 04 16 12 27 28 | igludorf.com | €€€):* Zwischen Eiswänden wird hier zum Beispiel Käsefondue mit Prosecco serviert, Felldecken wärmen den Allerwertesten. Mutige können hier sogar die Nacht verbringen.

GORNERGRAT ★

Die *Gornergratbahn* bringt dich in etwa 40 Minuten steil bergauf zur Aussichtsplattform auf 3138 m, von wo du einen unglaublichen Blick auf Matterhorn, Gornergletscher und das Monte-Rosa-Massiv hast. Im *Kulmhotel Gornergrat (in der Saison tgl. | Tel. 02 79 66 64 00 | gornergrat-kulm.ch | €€–€€€)* kannst du mit Aussicht auf die einmalige Berglandschaft Walliser Spezialitäten schnabulieren.

ESSEN & TRINKEN

PÖSTLI STÜBLI

Eines der drei Restaurants im Unique Hotel Post mit Älplermagronen, Rösti, Raclette und anderen Walliser Spezialitäten in rustikaler Atmosphäre. *So/Mo und mittags geschl. | Bahnhofstr. 41 | Tel. 02 79 67 19 31 | hotelpost.ch | €€*

CHEZ VRONY

Trockenfleisch, Hauswurst, Alpkäse: Die Zutaten für Vronys fein-rustikale Küche stammen alle aus der eigenen Produktion und die findet zu 100 Prozent bio auf der Alp statt. *In der Saison*

Die Aussichtsplattform auf dem Gornergrat ist eine Art Catwalk für Viertausender

tgl., abends geschl. | Findeln | Tel. 02 79 67 25 52 | chezvrony.ch | €€

RUND UM ZERMATT

🔟 SION/SITTEN

75 km nordwestlich von Zermatt/ 1½ Std. über die A 9

Zwei Burgen wachen auf den Hügeln über der Hauptstadt (35 000 Ew.) des Wallis: *Valeria (Juni–Sept. tgl. 10–18, Okt.–Mai Di–So 10–17 Uhr | Eintritt frei, Museum 8 Franken)*, eine mittelalterliche Burg mit einer Basilika aus dem 11.–13. Jh., und *Tourbillon (Mai–Sept. tgl. 10–18, Mitte März–April und Okt.– Mitte Nov. 11–17 Uhr | Eintritt frei)*, wo im 13. Jh. der Savoyer Bischof seinen Sitz nahm. Eine phantastische Silhouette vor allem abends, wenn beide Burgen angeleuchtet werden!

Nach einem Spaziergang durch die Altstadt mit den herausragenden Türmen des *Rathauses* und der gotischen *Kathedrale* schau doch im *Café de la Grenette (tgl. | Rue du Grand-Pont 24 | lagreu.ch | Tel. 02 73 22 47 09 | €)* vorbei, einem beliebten Bistro mit vielen Tischen vor der Tür. In der Stadt kannst du außerdem ein 🚲 Fahrrad für bis zu zwei Stunden umsonst ausleihen, die Station von *Valais roule (Mi–So 9– 12.15 und 13–18 Uhr | valaisroule.ch)* befindet sich zentral auf der *Place de la Planta*. Sion ist ein guter Ausgangspunkt für Wanderungen entlang der

Im warmen Wasser planschen, ins verschneite Land schauen: Alpentherme in Leukerbad

alten Walliser Wasserkanäle, der Suonen (s. Erlebnistour 1). *E7*

12 LEUKERBAD

65 km nördlich von Zermatt/1½ Std. über Visp und Leuk

Mit bis zu 51 Grad kommt das Wasser in Leukerbad aus dem Berg, das hat den Ort auf 1400 m Höhe zum größten Thermalbad der Alpen gemacht. Hier kannst du dich erholen und pampern lassen. Ende Juni gibt es ein tolles Literaturfestival. Autoren tragen in der Therme vor, beim Wandern oder um Mitternacht auf dem Gemmipass – Literatur mal ganz anders!

INSIDER-TIPP
Geistreich zur Geisterstunde

Ob Bäder, Saunen oder Massagen, alles wird angeboten – am schönsten sind die Außenbäder, von denen du die steil aufragende Felswand zum Gemmipass betrachten kannst, der ins Berner Oberland führt. Eine *Seilbahn* bringt dich zum Pass und den umliegenden Wanderwegen. Die großen Thermen stehen allen offen, auch Tagesgästen. *leukerbad.ch* | *F6*

13 ALETSCHGLETSCHER ⭐

55 km bis Fiesch nordöstlich von Zermatt/1 Std. über Brig

Keiner ist so lang wie er: Der 23 km lange Aletschgletscher zieht sich von Eiger, Mönch und Jungfrau hinunter bis ins Wallis. Sein Eis ist an manchen Stellen bis zu 900 m dick! Der Aufstieg mit zwei Seilbahnen von *Fiesch* bis zur Bergstation *Eggishorn* (20 Minuten) führt zu einem Aussichtspunkt über den Gletscher und die Gipfelwelt drumherum sowie einem Rundweg (aletscharena.ch). Von der Riederalp aus kannst du den *Aletschwald* besuchen, der bis zum Gletscherrand wächst. Der Umweltverband *Pro Natura (pronatura-aletsch.ch)* organisiert Wanderungen. 🗺 *G6*

14 FURKASTRASSE

85 km bis Gletsch nordöstlich von Zermatt/1¾ Std. über Brig

Hier gehts ganz hoch hinaus: 50 km nordöstlich von Brig führt die Furkastrasse über den gleichnamigen Pass bis nach Andermatt im Kanton Uri. In *Gletsch* erblickst du erstmals den Rhônegletscher, siehst auf Berner und Walliser Alpen – herrlich! 3 km unterhalb der Passhöhe stoppst du am Hotel Belvédère und besuchst die 100 m lange *Eishöhle (Juni–Okt. tgl. 8–18, im Hochsommer bis 19.30 Uhr | Eintritt 9 Franken | gletscher.ch)* im Rhônegletscher. Vom historischen *Hotel Furkablick* auf Passhöhe (2431 m) hast du einen einmaligen Ausblick. 🗺 *H5*

15 SIMPLON

70 km nordöstlich von Zermatt/ 1¼ Std. über Brig

Da hatte Napoleon den richtigen Riecher: Um 1800 ließ er die Straße über den *Simplon-Pass* (2005 m) oberhalb von Brig bauen; bis heute ist er einer der bedeutendsten Alpenübergänge. Am Pass wacht ein riesiger Adler über die Wanderer, die – wie früher die Säumer und Schmuggler – zu Wanderungen in das urige Berggebiet aufbrechen. Ein Erlebnis: die *Via Stockalper,* die in drei Tagen von Brig bis nach Gondo führt. Wer sein Gepäck nicht selber tragen will, kann sich einem organisierten Säumertrekking (Saumtiere sind auch dabei) anschließen *(simplon-trekking.ch)*.

In *Gondo* bleibt dir dann nur noch eins: reich werden! Ab in die alte Goldmine, Schaufel und Goldwaschpfanne schnappen und dann im Fluss nach Nuggets suchen. Da merkt man erst, wie schwer es Goldsucher hatten. Aber dann: Der Jubel, wenn ein Goldkörnchen glitzert – unbezahlbar. Wenn die Hände abzufallen drohen, einfach die nahe *Mine (goldmine-gondo.ch)* besuchen. 🗺 *G7*

**INSIDER-TIPP
In Goldgräber-Stimmung**

16 SAAS-FEE

40 km nordöstlich von Zermatt/ 1 Std. über Stalden

Das Saastal ist umgeben von 13 Viertausendern: Neun Bergbahnen fahren dich selbst im Hochsommer ins ewige Eis, die unterirdische Standseilbahn *Metro Alpin* sogar bis auf 3456 m, nicht einmal 600 m unterhalb des 4027 m hohen Gipfels des Allalinhorns. Und wenn dir dabei zu kalt geworden ist: Der autofreie Ort rühmt sich besonders zahlreicher Sonnentage und auch im Tal gibt es viel zu erleben.

Saas-Fee sieht sich als Action-Destination, im Winter wie im Sommer. Der große 👥 *Seilpark* in den Wipfeln von Saas-Fee garantiert schon Kindern ab vier Jahren Kletterabenteuer. Walliser Spezialitäten gibt es im rustikalen *Waldhüs Bodmen (tgl. | Panoramastr. 42 | Tel. 02 79 57 20 75 | waldhues-bodmen.ch | €€).* 🗺 *G7*

GENF & WESTSCHWEIZ

FREIHEIT UND GANZ VIEL GENUSS

Im Westen der Schweiz genießt man das berühmte Savoir-vivre: Was das heißt? Zurücklehnen und genießen! Das kannst auch du! Hier spricht die Schweiz französisch und feiert die lockere Lebensart. Romantische Schlösser, ungezähmte Natur und kosmopolitische Städte erwarten dich.

Die Romandie – die französischsprachige Schweiz – ist Europa und der Welt zugewandt, gibt sich fortschrittlicher und weltoffener als der Rest des Landes. Nicht umsonst gilt Genf als Wiege des Huma-

Hier ist man gerne Bürgermeister: das geraniengeschmückte Rathaus von Lausanne

nismus, Lausanne als Heimat des neuzeitlichen olympischen Ge-
dankens und wird ein Teil des Juras bis heute „Freiberge" genannt.
Dorthin zogen sich diejenigen zurück, die keinen Zehnten mehr an
ihre Fürsten zahlen, also frei sein wollten. Neben *liberté* bestimmt
Genuss das Leben in der Romandie: Die besten Weine, die feinsten
Käse, die raffiniertesten Backwaren werden hier gemacht.

GENF & WESTSCHWEIZ

MARCO POLO HIGHLIGHTS

★ **CAROUGE**
Künstler und Handwerker in einem
italienischen Dorf in Genf ➤ S. 133

★ **CREUX DU VAN**
Grand Canyon der Schweiz auf 1386 m
mit Blick übers Jura ➤ S. 141

★ **GRUYÈRES/GREYERZ**
Käse, Alp und Aliens lauern hinter
mittelalterlichen Mauern ➤ S. 138

★ **INTERNATIONALES ROTKREUZ- &
ROTHALBMONDMUSEUM**
Flüchtlinge und Katastrophenopfer
retten in diesem hochmodernen Genfer
Museum ➤ S. 135

★ **JET D'EAU**
Vom Überdruckventil zum sprühenden
Genfer Wahrzeichen ➤ S. 132

★ **OLYMPISCHES MUSEUM**
Dabeisein ist alles in dem hyper-
modernen, riesigen Bau am Genfer
See in Lausanne ➤ S. 137

★ **VÖLKERBUNDPALAST**
Genf: Sehen, wo die UN Frieden machen
(oder es versuchen) ➤ S. 135

★ **MUSÉE INTERNATIONAL
D'HORLOGERIE**
Alles über Schweizer Uhren in La Chaux-
de-Fonds ➤ S. 143

FRANCE

Saut du Doubs
Le Locle
NEUCHÂTEL
J u r a S. 140
Val de Travers 5
Pontarlier
Creux du Van ★
Yverdon-les-Bains

4 Vallée de Joux
Bussigny   Crissier
VAUD
Lausanne S. 137
Morges
Olympisches Museum ★
A1
65 km, 1 Std. 10 Min.
65 km, 3 ½ Std.
Gland
Le Léman
Saint-Claude
Nyon
Thonon-les-Bains
Gex
Versoix
Carouge ★
Strand Bains de Pâquis   **Jet d'Eau** ★
10 km   **Völkerbundpalast** ★
6.21 mi   **Genf** S. 132
Internationales Rotkreuz- & Rothalbmond-Museum ★

11 Saint-Ursanne
Delémont

JURA

SOLOTHURN

10 Étang de la Gruère

Grenchen
Solothurn
A5

Biel/Bienne

Bieler See

Lyss
A1
Burgdorf

Musée International d'Horlogerie ★
1 La Chaux-de-Fonds

A5

25 km,
35 Min.
7 Neuchâtel/Neuenburg
Zollikofen
Ittigen
Ostermundigen
Bern
Murtensee
3 Murten
Worb
Sandstrand Murtensee
Köniz
Muri
A1
Belp
Münsingen

Payerne
A6

2 Fribourg/Freiburg
Villars-sur-Glâne
Steffisburg
Thun

75 km, 40 Min.
A12
FRIBOURG/FREIBURG
Thuner See
Spiez

Bulle

1 Gruyères/Greyerz ★

BERN

Vevey
La Tour-de-Peilz
Montreux
SCHWEIZ

A9

Aigle
Sierre

Monthey
Sion
VALAIS/WALLIS
A9

GENÈVE/GENF

(□ B7) **Willkommen in der kleinen Weltstadt: Jeder zweite der 190 000 Genfer ist ein Ausländer, stammt aus einem von 185 Staaten. Viele von ihnen arbeiten bei den Vereinten Nationen oder in einer von über 200 anderen internationalen Organisationen.**

Humanitäres Engagement hat in Genf Tradition: Hier wurde das Rote Kreuz gegründet, schrieb Jean-Jacques Rousseau seine aufklärerischen Schriften, wurden die aus Frankreich vertriebenen Hugenotten aufgenommen. Dazu die traumhafte Lage zwischen Jura, Alpen und dem größten See der Schweiz – und der diskrete Charme der Privatbanken, Juweliere und Edelmarken, die sich in Genf angesiedelt haben. Genf ist umzingelt von Frankreich, nur ein schmaler Streifen am Genfer See verbindet den Kanton mit der Schweiz. Auch deshalb versteht man sich aufs Savoir-vivre. *Bienvenue à Genève!*

WOHIN ZUERST?

Vom Bahnhof gehst du schnurstracks zum **See** (Quai du Mont-Blanc) und das Ufer entlang bis zu den Bains de Pâquis, einem Biergarten-Café-Freibad-Hamam mit tollem Blick auf den Jet d'Eau, das Genfer Wahrzeichen. Danach setzt du mit einem der *Mouettes* (Möwen) genannten gelben Boote zur Altstadt über.

SIGHTSEEING

JET D'EAU ⭐

Das Wahrzeichen von Genf war eigentlich mal ein Überdruckventil des nahen Wasserkraftwerks. Erst seit 1891 dient die bis zu 140 m hohe Fontäne mitten im See touristischen Zwecken; bei Dunkelheit wird sie angeleuchtet.

ALTSTADT

Die *Place du Bourg-de-Four* mit ihren Cafés ist der zentrale Platz. Von hier geht es durch enge, mittelalterliche Gassen steil bergauf bis zum *Rathaus (Innenhof Mo–Fr 8–18 Uhr | Rue de l'Hôtel-de-Ville 4)* mit seinem großen Innenhof, wo 1864 die Gründung des Roten Kreuzes besiegelt wurde. Auf der Rampe, die ins Obergeschoss führt, ritten Ratsherren im Mittelalter standesgemäß zu Pferde in die Sitzung des Großen Rats! Gegenüber, im alten Arsenal, sind die Kanonen aufgestellt, die früher zur Verteidigung der Stadt dienten. Nach links gehts über die *Promenade de la Treille* zum *Parc des Bastions* mit einem wichtigen Kastanienbaum: Wenn sich dessen erste Blüte öffnet, hat offiziell der Frühling begonnen.

Ebenfalls nicht weit entfernt: die *Maison Tavel,* das älteste Wohnhaus der Stadt aus dem 14. Jh. mit einem 🎭 *Heimatmuseum (Di–So 11–18 Uhr | Eintritt frei | Rue du Puits-Saint-Pierre 6 | institutions.ville-geneve.ch | ⏱ 45 Min.).* Im Dachgeschoss steht ein Modell von Genf im 19. Jh., auf das der Architekt Auguste Magnin 18 Jahre seines Lebens verwendete. Das 5 x 7 m große

140 m hoch sprüht der Jet d'Eau das Wasser aus dem Genfer See – Europarekord!

Werk ist so exakt, dass es selbst heute noch bei Stadtplanungen zurate gezogen wird!

KATHEDRALE SAINT-PIERRE

1160 im romanischen Stil begonnen, im gotischen Stil vollendet und später um klassizistische Säulen ergänzt: nur eine Besonderheit der Kirche, in der Johannes Calvin seine Reformation predigte. Bücken lohnt sich: In den hölzernen Bänken sind Schnitzereien versteckt, oft skurrile Tiere. Danach kletterst du 150 Stufen auf den *Nordturm (Eintritt 7 Franken)* und hast einen phantastischen Blick über Altstadt und See.

FONDATION MARTIN BODMER

Handschriften aus allen Jahrhunderten, eine originale Gutenberg-Bibel und insgesamt 150 000 Bücher machen die Büchersammlung von Martin Bodmer zu einer der größten der Welt. Sonderausstellungen in dem von Mario Botta grandios gestalteten Museum widmen sich der Geschichte des nicht weit von hier von Mary Shelley ersonnenen Frankenstein, dem Leben des Marquis de Sade oder Rousseaus Briefen – immer spannend gemacht. Dazu kommt ein phantastischer Blick vom Garten auf Genf, See und Jura. *Di–So 14–18 Uhr | Eintritt 15 Franken | Route Martin Bodmer 19 | fondationbodmer.ch | Bus A Cologny-Temple | ⏱ 1 Std.*

CAROUGE ⭐

Ein Stück Italien mitten in Genf: Carouge verströmt südländischen Charme, auf der großen Piazza, der *Place du Marché,* in der *Église Sainte-Croix* oder vor den zweistöckigen Häuschen, die

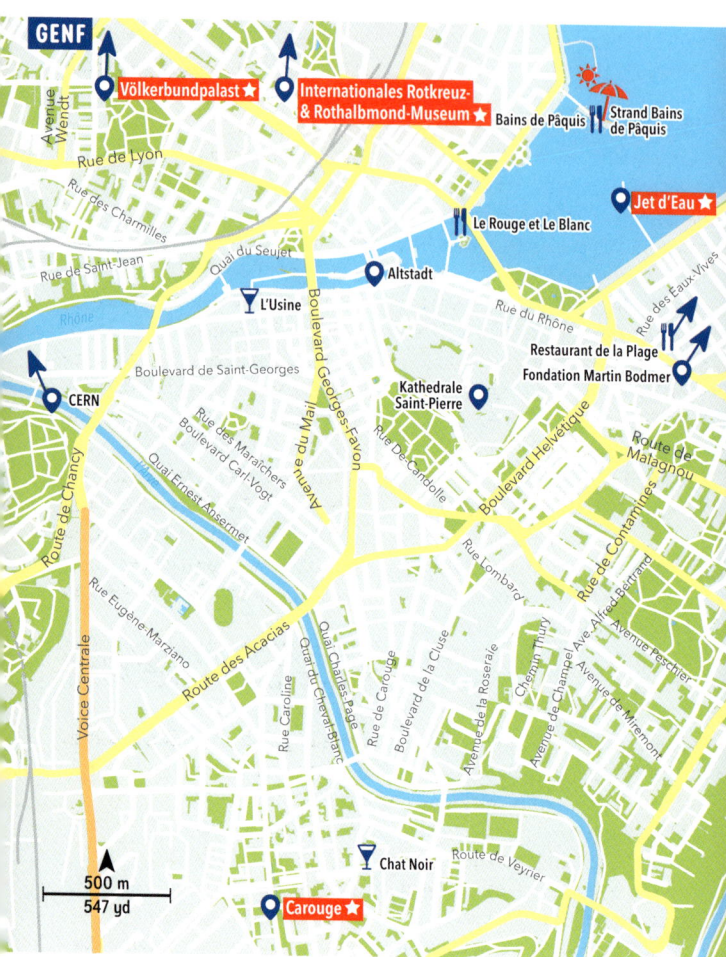

GENF

Völkerbundpalast ★

Internationales Rotkreuz-
& Rothalbmond-Museum ★

Bains de Pâquis

Strand Bains
de Pâquis

Jet d'Eau ★

Le Rouge et Le Blanc

Altstadt

L'Usine

Rue de Lyon

Rue des Charmilles

Rue de Saint-Jean

Rhône

Quai du Seujet

Rue du Rhône

Rue des Eaux-Vives

Avenue Wendt

CERN

Boulevard de Saint-Georges

Boulevard Georges-Favon

Kathedrale
Saint-Pierre

Restaurant de la Plage

Fondation Martin Bodmer

Rue des Maraîchers

Boulevard Carl-Vogt

Avenue du Mail

Rue De-Candolle

Boulevard Helvétique

Route de
Malagnou

Quai Ernest-Ansermet

Rue Eugène-Marziano

Route des Acacias

Quai Charles-Page

Quai du Cheval-Blanc

Route de Chancy

Voice Centrale

Rue Caroline

Rue de Carouge

Boulevard de la Cluse

Rue Lombard

Rue de la Roseraie

Avenue de Champel

Avenue de Miremont

Avenue de Mirémont

Chemin Thury

Avenue Alfred-Bertrand

Avenue Peschier

Route de Contamines

500 m
547 yd

Chat Noir

Route de Veyrier

Carouge ★

Architekten im piemontesischen Stil bauen ließen. Denn in Carouge herrschte bis Ende des 18. Jhs. das Königshaus von Piemont-Sardinien – und das sieht man.

Heute beherbergt der pittoreske Vorort viele Ateliers, Boutiquen und Kunstwerkstätten: unbedingt das kleine Zentrum rund um den *Markt (Mi und Sa vormittags)* erkunden. Im 🌟 *Musée de Carouge (während der Ausstellungen Di–So 14–18 Uhr | Eintritt frei | Place de Sardaigne 2 | carouge.ch | ⏱ 30 Min.)* werden wechselnde Ausstellungen zur Geschichte des Orts gezeigt. Einen guten Kaffee bekommst du im *Programmkino Bio (Rue Saint-Joseph 47 | cinema-bio.ch)* gleich am Marktplatz. *Tram 11, 12, 14, 18 Carouge Marché*

VÖLKERBUNDPALAST ⭐

Hier wird Frieden gemacht: Der 1929–1936 gebaute *Palais des Nations* ist der europäische Sitz der Vereinten Nationen. Auf einer Tour (Reisepass oder Personalausweis mitbringen!) siehst du auch die Kunstwerke, die Staaten den UN gespendet haben. Höhepunkt: das dreidimensionale Deckengemälde im Saal XX, unter dem der Menschenrechtsrat tagt. Vor dem Palast auf der *Place des Nations* steht der 12 m hohe zerbrochene Stuhl des Schweizer Künstlers Daniel Berset, der an die Opfer von Landminen erinnert. *Aktuelle Zeiten und Preise s. Website | Eingang am Pregny-Gate gegenüber Rotkreuz-Museum | Av. de la Paix 14 | ungeneva.org | Bus 8, 28 Appia | ⏱ 1 Std.*

INTERNATIONALES ROTKREUZ- & ROTHALBMOND-MUSEUM ⭐

Zum 150-jährigen Jubiläum 2013 hat das Rote Kreuz ein interaktives, hochmodernes Museum bekommen: Hier bringst du selber Flüchtlinge und ihre Familien zusammen, verhinderst (hoffentlich) gemeinsam mit anderen eine Katastrophe auf einer virtuellen Insel und hörst ehemaligen Kindersoldaten zu. *Di–So 10–17, April–Okt. bis 18 Uhr | Eintritt 15 Franken | Av. de la Paix 17 | redcrossmuseum.ch | Bus 8, 28 Appia | ⏱ 1½ Std.*

CERN 🐾

Hier am Stadtrand von Genf wurde das Higgs-Boson, auch Gottespartikel genannt, gefunden: Nur eines der vielen unsichtbaren und für Laien kaum begreifbaren Ergebnisse der Forschungen, die in dieser europäischen Forschungseinrichtung im 26,6 km langen, unterirdischen Teilchenbeschleuniger (dem größten der Welt) durchgeführt werden. Bei einer Führung (unbedingt frühzeitig anmelden!) lernst du einige der Geheimnisse des CERN kennen. Ohne Anmeldung kannst du den 27 m hohen, hölzernen *Globe* gleich gegenüber mit seiner *Multimedia-Ausstellung (Mo–Fr 10–17 Uhr | Eintritt frei | ⏱ 45 Min. | cern.ch)* über das Universum der Partikel besuchen. Brandneu: das von Renzo Piano entworfene Besucherzentrum *Science Gateway* (Eröffnung nach Redaktionsschluss). *Tram 14, 18 CERN*

ESSEN & TRINKEN

BAINS DE PÂQUIS

Freibad, 🏖 Strand und Sauna, Restaurant, Café und Biergarten, alles mitten auf dem See: Hier trifft sich die Stadt, auch wegen des günstigen Mittagstischs in dieser Toplage – und lecker ist es auch noch! Gratis dazu: der tolle Panoramablick. *Tgl. | Quai du Mont-Blanc 30 | Tel. 02 27 38 16 16 | bains-des-paquis.ch | €*

INSIDER-TIPP
Schmausen und sparen am See

LE ROUGE ET LE BLANC

Weinbar in bester Innenstadtlage mit Blick auf den See. Hier stößt man an zwischen den hölzernen Regalen voller lokaler und regionaler Weine oder auf der Terrasse und lässt sich dazu kleine Gerichte schmecken. *Mittags und So geschl. | Quai des Bergues 27 | Tel. 02 27 31 15 50 | lerougeblanc.ch | €€*

RESTAURANT DE LA PLAGE

Das „Strandrestaurant" liegt tatsächlich nicht weit vom brandneuen Stadtstrand Plage des Eaux-Vives entfernt. Mit Blick aufs Strandleben und die Yachten im nahen Hafen lassen sich wunderbar entspannt Tapas, Crêpes und Suppen genießen. *Außerhalb der Saison So-Abend und Mo geschl. | Quai Gustave Ador 75 | Tel. 02 27 60 20 20 | restoplage.ch | €*

SHOPPEN

Die Fußgängerzone *Rive* unterhalb der Altstadt ist Genfs Einkaufsmeile. Hier haben auch die ausgezeichneten Chocolatiers wie *Henri Rohr (Place du Molard 3 | rohr.ch)* ihre Dependancen. Auf dem Platz *Plaine de Plainpalais* ist jeden Mittwoch und Samstag Flohmarkt.

SCHIFFSFAHRTEN

Vom Anleger Genève Mont-Blanc legen täglich zahlreiche Schiffe zu Touren über den See bis nach Lausanne ab *(cgn.ch)*. Ein besonderes Erlebnis ist eine Tour in die andere Richtung, die naturnahe Rhône hinauf: sich einfach auf dem Fluss treiben lassen und die vorüberziehende Natur genießen – entspannend wie ein Spabesuch! Endstation ist ein Naherholungsgebiet an der Talsperre Verbois, Abfahrt am Quai des Moulins in der Altstadt *(swissboat.*

INSIDER-TIPP
Go with the Flow

Unterhalb der Altstadt liegt Lausannes angesagtes Viertel Le Flon mit Clubs und Bars

com). Schon für einen Nahverkehrsfahrschein sind die innerstädtischen Fahrten mit den gelben *Mouettes* (Möwen) über den See zu haben (*mouettesgenevoises.ch*).

AUSGEHEN & FEIERN

L'USINE
Alternative Acts gibt es in dieser alten Fabrik, die unter anderem Zentrale des Hardrock-Zirkels „Post Tenebras Rock" ist. Events auf der Website. *Place des Volontaires 4 | usine.ch*

CHAT NOIR
Angesagter Club in Carouge mit gut sortierter Bar und Livemusik. *Di–Do 17–4, Fr/Sa 17–5 Uhr | Rue Vautier 13 | chatnoir.ch*

LAUSANNE

(*C6*) **Als Standort der größten Universität der Westschweiz ist Lausanne (136 000 Ew.) die jüngste und lebendigste Stadt am Genfer See.**
Abends trifft man sich auf der *Place Saint-François* im autofreien Zentrum, im Partyviertel *Le Flon* oder an der südländisch anmutenden Seepromenade in *Lausanne-Ouchy*. Verbunden sind Ober- und Unterstadt mit der einzigen U-Bahn der Schweiz, der Métro.

SIGHTSEEING

KATHEDRALE NOTRE-DAME
Eine gotische Pracht ganz aus Sandstein, gebaut im 12. und 13. Jh. Nachts ruft bis heute ein Türmer, welche Stunde es geschlagen hat. Spektakulär: die farbige Fensterrose (9 m Durchmesser) und das imposante Kirchenschiff.

COLLECTION DE L'ART BRUT
Viele nannten sie psychisch krank, Jean Dubuffet (1901–85) nannte sie einfach Künstler: Der Franzose, selbst ein berühmter Maler, sammelte die Werke der als „irre" verfemten Künstler und nannte ihre Bilder „rohe Kunst" *(art brut)* – treffend. Die Sammlung ist einmalig, unbedingt ansehen! *Di–So, Juli/Aug. tgl. 11–18 Uhr | Eintritt 12 Franken | Av. des Bergières 11 | artbrut.ch | ⏱ 45 Min.*

INSIDER-TIPP
Irre? Irre gut!

ESPACE DES INVENTIONS 🎭
Dem Ingeniör ist nichts zu schwör, sagte schon Daniel Düsentrieb aus Entenhausen – und wer selber ein Erfinder werden will, ist im Espace des Inventions genau richtig. In dem Wissenschaftszentrum speziell für Kinder und Familien dreht sich alles um geniale Ideen und das, was aus ihnen wurde. Du kannst dir Erfindungen ansehen und selber welche basteln, einen Roboter kennenlernen und an Maschinen schrauben. *Mi–Sa 14–18, So 10–18 Uhr | Eintritt 10 Franken, Kinder 7 Franken | Vallée de la Jeunesse 1 | espace-des-inventions.ch | ⏱ 1½ Std.*

OLYMPISCHES MUSEUM ⭐
Wie wurden die Olympischen Spiele zum globalen Ereignis, in welchen Sportarten wurden die größten Triumphe gefeiert, wie trainieren die Athle-

ten? Hier am Sitz des Olympischen Komitees bist du auf 3000 m², mit 150 Bildschirmen und aufwendigen Shows mittendrin statt nur dabei. *Di–So 9–18 Uhr | Eintritt 20 Franken | Quai d'Ouchy 1 | olympics.com | ⏱ 2 Std.*

AQUATIS 👁

Vor Piranhas zittern, dem Komodowaran winken oder schauen, was so alles im Genfer See schwimmt: All das und noch viel mehr kannst du im größten Süßwasseraquarium Europas. Bei der Reise durch fünf Welten mit Fischen, Amphibien und Reptilien von allen Kontinenten und insgesamt 10 000 Fischen in 46 Aquarien gehen dir bestimmt die Augen über. *Tgl. 10–18 Uhr | Eintritt 29 Franken, Kinder (6–15 Jahre) 19 Franken | Route de Berne 144 | aquatis.ch | M 2 Vennes | ⏱ 2 Std.*

ESSEN & TRINKEN

CAFÉ DE GRANCY

Tolles Bistro am Bahnhof mit eigenem Hausbier, waadtländischen Spezialitäten und viel Gemütlichkeit. *Tgl. | Av. du Rond Point 1 | Tel. 02 16 16 86 66 | ca fedegrancy.ch | €*

AUSGEHEN & FEIERN

Das Viertel *Le Flon* zieht am Wochenende Besucher aus der ganzen Region an. Jede alternative Band, die etwas auf sich hält, hat schon einmal im *Les Docks (Fr/Sa ab 20 Uhr und zu Konzerten | Av. de Sévelin 34 | lesdocks.ch)* gespielt. Im Sommer versammeln sich alle auf der *Jetée de la Compagnie (je teedelacompagnie.ch),* einem Anlege-

steg direkt am See mit angeschlossener Buvette – cooler gehts nicht. Ein Geheimtipp sind die Yogakurse, die im sich lichtenden Morgennebel auf der Jetée stattfinden (Termine auf der Website).

RUND UM LAUSANNE

❶ GRUYÈRES/GREYERZ ⭐

55 km nordöstlich von Lausanne/ 50 Min. über die A 9 und A 12

Käse, Alp und Aliens: Diesen Mix gibts nur hier, denn in dem autofreien mittelalterlichen Städtchen mit Stadtmauer und Burg hat der Erfinder von „Alien", Hansruedi Giger, sein ☂ *Museum HR Giger (April–Okt. Mo–Fr 10–18, Sa/So 10–18.30, Nov.–März Di–Fr 13–17, Sa/So 10–18 Uhr | Eintritt 12,50 Franken | Château Saint-Germain | hrgiger museum.com | ⏱ 1 Std.)* samt *Alien-Bar (Nov.–März Mo geschl.)* errichtet. Von der Zukunft in die Vergangenheit reist du danach mit einem Besuch im toll erhaltenen *Château de Gruyères (April–Okt. tgl. 9–18, Nov.–März 10–17 Uhr | Eintritt 12 Franken | Rue du Château 8 | chateau-gruyeres.ch | ⏱ 1½ Std.).* Berühmt ist Gruyères aber vor allem für den Greyerzer Hartkäse. In der *Maison du Gruyère (tgl. 9–18, Zubereitung tgl. 9.30–12.30 Uhr | Eintritt 7 Franken | Place de la Gare 3 | lamai sondugruyere.ch | ⏱ 45 Min.)* kannst du zusehen, wie er gemacht wird.

Nur ein paar Autominuten entfernt in *Broc* beginnt das Paradies – jedenfalls für alle Schokofans: In der  *Maison Cailler (tgl. 10–17, April–Okt. bis 18 Uhr | Eintritt 15 Franken, Kinder ab 6 Jahre 5 Franken | Rue Jules Bellet 7 | cailler.ch | ⏱ 1 Std.)* darfst du staunen, naschen und – nach Anmeldung – auch Schokolade selber machen. Sogar ein süßes Escape Game gibt es. 🗺 *D5*

2 FRIBOURG/FREIBURG

75 km nordöstlich von Lausanne/ 45 Min. mit der Bahn

Von der Turmspitze der Kathedrale *St. Nikolaus* (365 Stufen) hast du den Überblick: Unter dir die Altstadt mit ihren 200 gotischen Fassaden – ein großartiges Ensemble auch vom Boden aus –, die Saane mit ihren riesigen Brücken, die vom Reichtum der Stadt im 18. Jh. zeugen, und die 2 km Festungsmauern und 14 Türme, die dieses Kleinod einer Stadt umschließen. Während du über das Kopfsteinpflaster flanierst, findest du überall Kunst – nicht zuletzt vom berühmtesten Sohn der Stadt, Jean Tinguely, der mit seinen Nonsensmaschinen weltberühmt wurde. Im *Musée d'Art et d'Histoire/Espace Jean Tinguely – Niki de Saint Phalle (Di–So 11–18, Do bis 20 Uhr | Kombiticket 15 Franken | mahf. ch | ⏱ 45 Min.)* ist ihm und seiner ebenso berühmten Frau Niki de Saint Phalle viel Raum gewidmet. 🗺 *E5*

3 MURTEN

70 km nordöstlich von Lausanne/ 1 Std. 10 Min. über die N 1

Drumherum die top erhaltene Ringmauer, innendrin Kopfsteinpflaster und eine prächtige Altstadt: In Murten lebt noch das Mittelalter! Alles über 6000 Jahre Stadtgeschichte erfährst du in der alten *Stadtmühle (Mitte Feb.–*

Kopfsteinpflaster und Treppengassen: das charmante mittelalterliche Fribourg

*Mitte Dez. Di–Sa 14–17, So 10–17 Uhr |
Eintritt 6 Franken | Ryf 4 | museummur
ten.ch |* ⏱ *45 Min.);* dort bekommst
du auch Tipps zur Spurensuche in der
Altstadt.
Danach ab ans Wasser: Der kleine
Murtensee lässt sich in zweieinhalb
Stunden mit dem Fahrrad umrunden.
Alternative: Sonnen an einem der
längsten 🏖 Sandstände der Schweiz.
Surfen, SUP, Wakeboarding etc. gibts
auch, Infos unter *regionmurtensee.ch.*
Oder gleich aufs Boot hopsen und die
Stadt vom Wasser aus betrachten
(navig.ch). Berühmt ist die Gegend für
ihr hervorragendes Käsefondue: Das
gibts im *Chesery (Di/Mi geschl. | Rat
hausgasse 28 | chesery-murten.ch |
€€),* außerdem Raclette, Meringue
und vieles mehr. 📖 *D–E4*

JURA

**Das Jura ist das „andere" Gebirge
der Schweiz: jünger als die Alpen,
der weiche Kalkstein durch die Bä
che und Flüsse zerklüftet, Gräser
und Bäume leuchten lindgrün wie
in Irland.**
Der raue Charme und die kleinräumig
modellierte Landschaft mit ihren vie
len Überraschungen machen die
dünn besiedelte Landschaft zum
schönsten Geheimnis der Schweiz.
Das Jura ist ein Paradies für Wanderer
und Naturliebhaber: Fünf Naturparks
zählt der kleine Jurabogen und auch
sonst sind die Weiden und Wälder
überwiegend so, wie sie schon immer
waren.

4 VALLÉE DE JOUX 🚩

So sieht ein friedlicher Flecken Erde
aus: Das Hochtal auf 1000 m mit dem
lang gestreckten *Lac de Joux* wird von
den höchsten Gipfeln des Jura und
dichten Wäldern umrahmt. Auf gehts
in die Natur: Nahe Le Sentier im Wes
ten des Sees liegt das Vogelschutzge
biet *La Golisse;* vom Aussichtspunkt
Tête du Lac hast du den Blick über die
ganze Länge des Sees.
Ein wunderschöner, einsamer Ufer
weg führt in etwa drei Stunden das
ganze Nordwestufer entlang mit gran
diosen Ausblicken bis ans andere En
de des Sees in Le Pont. Auf dem Weg
gibt es immer wieder Möglichkeiten
zur Einkehr, etwa in *Le Rocheray,* wo
der Strand zum Baden einlädt und
Schiffe über den See abfahren *(caprice
2.ch).* Der Zug bringt dich zurück nach
Le Sentier, wo du dir eine ordentliche
Mahlzeit im *La Gloriette (tgl. | Rue de
la Golisse 13 | Tel. 02 18 45 56 43 | €€)*
verdient hast. 📖 *B5*

5 VAL DE TRAVERS

Grüne Wälder, rauschende Flüsse
und viel Einsamkeit: Das Val de Tra
vers ist selbst für das Jura fast ein Ge
heimtipp. Die *Gorges de l'Areuse,* die
Schlucht des Flusses Areuse, sind so
verwunschen, dass sie einem Fantasy
roman entsprungen zu sein scheinen:
Alte, geschwungene Brücken aus gro
bem Fels führen dich über den wilden
Fluss mit seinen grün bemoosten
Findlingen und Wasserfällen. Aus
gangspunkt ist das Städtchen *Noir
aigue,* wo du im Bahnhofsladen alle

Val de Travers: diverse Sorten Absinth, verdünnt mit Quellwasser frisch aus dem Hahn

nötigen Infos über die Region bekommst.

Berühmt ist das abgelegene Tal dafür, dass hier der Absinth erfunden wurde: Die *Route de l'Absinthe (myvaldetravers.ch)* führt dich auf die Spuren der „grünen Fee", zu Schuppen, in denen der Grundstoff, das Wermutkraut, getrocknet wird, zu Destillerien und zur *Maison de l'Absinthe (Di–Sa 10–18, So 10–17 Uhr | Eintritt 12 Franken | Grande Rue 10 | maison-absinthe.ch)* in Môtiers. Das Getränk war jahrzehntelang verboten – warum, das (und noch viel mehr) lernst du hier. Und dann musst du natürlich unbedingt noch ein Gläschen probieren! 🗺 C4

INSIDER-TIPP
Folg der „grünen Fee"

🟦 CREUX DU VAN ⭐

Zum „Grand Canyon" des Jura musst du vor allem eins: weit nach oben. Von der Abzweigung in Couvet im Val de Travers fährst du immer weiter bergauf und folgst der Ausschilderung bis *Le Soliat (lesoliat.ch),* einer Bergbeiz auf 1386 m mit selbst gemachtem Kuchen und deftigen Gerichten. Doch zunächst lockt der Ausblick – und was für einer: Der nur einige Hundert Meter vom Parkplatz entfernte Creux du Van ist eine atemraubende Formation aus geschichtetem Fels, die 160 m senkrecht in die Tiefe abfällt und im Halbkreis einen Talkessel umschließt. Auf ausgeschilderten Wegen kannst du den 4 km langen Kessel umwandern und die zahllosen Perspektiven auf dieses Naturwunder genießen. Nicht zu nah an den Abgrund treten! Abends ziehen in der Ferne Nebelschwaden über dem Tal auf, die untergehende Sonne taucht den Fels in rotes Licht – unbezahlbar! 📖 *C4*

Haus (Design: Mario Botta) auch einen großartigen Blick auf den Lac de Neuchâtel.

Am nördlichen Rand der Stadt in *Hauterive* steht das einmalig in die Seelandschaft gebaute *Laténium (Di–*

Steile Felswände umgeben das Tal des Creux du Van, lila blüht der Alpen-Mannstreu

7 NEUCHÂTEL/NEUENBURG

Die mittelalterliche Stadt (45 000 Ew.) ist so steil in den Hang gebaut, dass du unbedingt einen Blick von der namensgebenden *Burg* aus dem 12. Jh. auf das mittelalterliche Ensemble aus Gässchen und Häusern werfen musst! In der Altstadt kannst du in der *Passage des Corbets* die mächtige Renaissance-Wendeltreppe bestaunen. *Im Centre Dürrenmatt (Mi–So 11–17 Uhr | Eintritt 8 Franken | Pertuis-du-Sault 74 | cdn.ch | ⏱ 45 Min.)* findest du nicht nur Manuskripte, Zeichnungen und Gemälde des berühmten Schweizer Schriftstellers – du hast von seinem ehemaligen

So 10–17 Uhr | Eintritt 9 Franken | Espace Paul Vouga | latenium.ch | ⏱ 1½ Std.), ein spektakuläres Museum rund um die Archäologie. Mehrmals täglich fährt ein 🚢 kostenloses Schiff von Neuchâtel direkt vor die Haustür. 📖 *D4*

8 SAUT DU DOUBS

Hier donnert der *Doubs,* der größte Fluss im Jura und Grenzfluss zu Frankreich, 27 m in die Tiefe. Das Wasser scheint zu kochen, so wuchtig ist die Stufe des Wasserfalls. Davon ahnt man noch nichts, wenn man sich im Dorf *Les Brenets* zu Fuß auf den Weg macht (Hin- und Rückweg ca. zweieinhalb Stunden). Unterwegs glitzert der Doubs friedlich in seinem gewundenen Bett durch den Blätterwald, in der Ferne: der aufgestaute *Lac de Brenets.* Erst an den Aussichtsplattformen sieht man die Wassermassen.

Nimm auf dem Rückweg den Abzweig zum See und fahr von dort mit einem der regelmäßig verkehrenden Dampfer unterhalb der bis zu 80 m hohen, senkrecht aufragenden Kalksteinwände zurück zum Bahnhof von Les Brenets. Knurrt jetzt dein Magen? Im *Restaurant Bellevue (Sept.–Juni So-Abend und Mo geschl. | Le Champ de la Fontaine | Tel. 03 29 31 14 21 | restaurantbellevue-les-brenets.ch | €€)* wird dir geholfen. *D C3*

🟦 LA CHAUX-DE-FONDS

Die im Schachbrettmuster angelegte Stadt war mal ganz groß im Geschäft: Industriepaläste aus dem 19. und 20. Jh. zeugen vom Ausmaß der Uhrenindustrie, die im Jura erfunden wurde. Seit dem 17. Jh. bauten Uhrmacher im Jura zu Hause Uhren, oft mit der ganzen Familie und sozusagen im Homeoffice – dann kamen die großen Manufakturen. Im ⭐ 🏴 *Musée International d'Horlogerie (Di–So 10–17 Uhr | Eintritt 15 Franken | Rue des Musées 29 | chaux-de-fonds.ch/musees/mih | ⏱ 1½ Std.)* lernst du diese Geschichte, Orte und Uhren in einer beeindruckenden Ausstellung kennen. Im Heimatmuseum *Musée Paysan et Artisanal (Mi–So 14–17 Uhr | Eintritt 8 Franken | Rue des Crêtets 148 | chaux-de-fonds.ch/musees/mpa | ⏱ 30 Min.)* kannst du mit einem Uhrmacher, der

alte Uhren repariert, über den Wandel der Zeiten reden. *D D3*

🔟 ÉTANG DE LA GRUÈRE

Die Vögel zwitschern, es riecht nach feuchter Erde, der Boden federt unter den Schritten: Der verwunschene Moorsee wird von einem ca. einstündigen Wanderweg umrundet. Wo der Boden zu weich wird, läuft man über Stege und Bohlen. Im dichten Nadelwald gibt es Picknickplätze oder du schmaust im zünftigen Landgasthaus *Auberge de la Couronne (Mo/Di geschl. | La Theurre 6 | Tel. 03 29 51 11 15 | couronne-latheurre.ch | €–€€)* gleich neben dem Ausgangspunkt. *D D3*

1️⃣1️⃣ SAINT-URSANNE

Wenn du mit dem Zug ins vielleicht schönste Mittelalterstädtchen der Schweiz fährst, hast du auf dem Weg hinab ins Dorf schon den Panoramablick auf Dorf und Doubs inklusive – eine Stadt, die sich in den letzten Jahrhunderten nicht verändert zu haben scheint. Die große *Stiftskirche* und das dazugehörige *Kloster* sind bald 900 Jahre alt, die restlichen Häuser und die Steinbrücke über den Doubs passen sich perfekt ins Ensemble ein.

Vom *Le Clip (Juli/Aug. tgl. 9 und 13 Uhr | Place du Mai 1 | leclip.ch)* aus können auch Ungeübte Kanu- und Kajakausflüge auf dem Doubs unternehmen. Kurze und längere Wanderungen führen durch die *Franches-Montagnes* und den *Naturpark Doubs.* Im *Hôtel-Restaurant de la Couronne (Mi geschl. | Rue du 23 Juin 3 | Tel. 03 24 61 35 67 | hotelcouronne.ch | €€)* kannst du dich kulinarisch verwöhnen lassen. *D E2*

ERLEBNIS TOUREN

Lust, die Besonderheiten der Region zu entdecken? Dann sind die Erlebnistouren genau das Richtige für dich! Ganz einfach wird es mit der MARCO POLO Touren-App: Die Tour über den QR-Code aufs Smartphone laden – und auch offline die perfekte Orientierung haben.

❶ WANDERUNG ENTLANG DER HISTORISCHEN SUONEN

➤ Auf über 1500 m die frische Bergluft einsaugen
➤ Die ältesten Wasserleitungen der Schweiz bestaunen
➤ Heiß gelaufene Füße im Suonenwasser abkühlen

📍	Sion		Botyre-Ayent
→	12 km (Wanderstrecke)	🥾	7 Stunden, reine Gehzeit 3½ Stunden
▁▃▅	leicht		

ℹ️ Unbedingt ausreichend Wasser mitnehmen, das Suonen-Wasser ist nicht trinkbar!

Einfach QR-Code scannen und alle Karten & Infos zu unseren Touren auch unterwegs parat haben! go.marcopolo.de/swz

Hoch überm Rheinfall bei Schaffhausen thront Schloss Laufen

SERPENTINEN, WÄLDER, WASSER

Anzère, den Startpunkt der Wanderung, erreichst du am einfachsten von ❶ Sion (Sitten) ➤ S. 125 aus, der Bus braucht etwa 30 Minuten. Nicht vergessen: Proviant mitnehmen. Die Patisserie Zenhäusern gegenüber vom Bahnhof backt himmlische Croissants! Am Postbus-Halt ❷ Anzère, Télécabine frisch gestärkt aus dem Postbus springen, die Krümel abwischen und los gehts. Vormittags ist es am Fuß der Gondelbahn auch im Sommer noch angenehm kühl. Immerhin bist du auf 1550 m Höhe! Und hier stößt du auch gleich auf die ❸ Bisse de Sion, die – für Suonen (franz. *bisses*) – noch ein junger Hüpfer ist: erst rund 100 Jahre alt! Walliser Bauern haben sie gebaut, um mit dem Wasser aus der Liène ihre Weinberge zu wässern. Ab durch den dichten Wald, die Suone entlang. *Der Weg ist als „chemin du musée" ausgeschildert – achte auf die Infotafeln entlang des Wegs!*

GEFÄHRLICHE AUSSICHTEN

Die Bisse de Sion biegt nach Südosten ab. Kurz noch mal zum (vorübergehenden) Abschied winken, *denn du folgst dem Wanderweg, der in engen Serpentinen 150 Höhenmeter bergab an einer T-Kreuzung endet.*

❶ Sion (Sitten)	
15 km	30 Min.
❷ Anzère, Télécabine	
1½ km	20 Min.
❸ Bisse de Sion	
1½ km	30 Min.

Einmal durchatmen und innehalten! Der neue Weg führt die 1442 erbaute ❹ **Bisse d'Ayent** entlang, eine der größten Suonen. Vom Lac de Tseuzier führt sie pro Sekunde erstaunliche 500 l Wasser über 18 km bis tief ins Tal. *Du biegst erst mal links ab (bergauf).* Willkommen an der Steilwand des **Torrent Croix**! Hier hängt ein rekonstruiertes Stück des Kanals über dem gähnenden Abgrund, gut zu sehen von der ❺ **Aussichtsplattform**. Kaum zu glauben, dass Menschen hier ihr Leben für eine Wasserleitung aufs Spiel setzten. Erst seit 1831 fließt das Wasser durch einen Tunnel. Hier ist jetzt ein schöner, schattiger Platz für ein Picknick: Hoffentlich sind noch Croissants übrig! *Danach drehst du um und folgst der Bisse d'Ayent auf ihrem Weg ins Tal.*

SCHLEUSER SPIELEN

Es geht nur leicht bergab. Schau unbedingt nach rechts und links: Am Wegrand gibt es viele Schleusen, mit denen das kostbare Nass überall verteilt wurde. Heiße Füße? Dann einfach ab damit ins Wasser, einmal ordentlich nass spritzen und danach auf einer Wiese oder einer Lichtung trocknen. Herrlich! *Weiter gehts den Berg hinunter;* nach und nach stehen wieder Häuser an der Strecke, bis in ❻ **Magens d'Arbaz** die Bisse d'Ayent die **Suone Bitailla** kreuzt – *ihr folgst du weiter bergab.* Auch entlang der über 600 Jahre alten Bitailla – übersetzt: „behauene Suone" – gibt es viele Schleusen. Das mehr als 500 Jahre alte Verteilsystem bei ❼ **Jeuriès**, wo sich Bitailla und Bisse d'Argent noch einmal treffen, funktioniert bis heute!

Endspurt: *Es geht südwärts, bald ist das Dörfchen Saxonne erreicht und dann auch* ❽ **Botyre-Ayent** und das dortige **Suonenmuseum** *(Mai–Okt. Mi–Fr, Juli/Aug. Mo–Fr 14–19, Sa/So 11–19 Uhr | Eintritt 10 Franken |*

❹ **Bisse d'Ayent**
250 m 10 Min.

❺ **Aussichtsplattform**

4½ km 1½ Std.

❻ **Magens d'Arbaz**

3½ km 1 Std.

❼ **Jeuriès**
750 m 15 Min.

❽ **Botyre-Ayent**

Maison Peinte | Rue du Pissieu 1 | bisses-valais.ch). Im Garten kannst du selbst mal versuchen, Wasser durch eine Suone zu lenken – gar nicht so einfach! Im **Museumscafé** *(€)* gibt es Getränke und kleine Köstlichkeiten. Der Postbus fährt nur ein paar Schritte entfernt ab.

❷ MIT DEM RAD AM RHEIN ENTLANG

➤ „Vater Rhein" da begleiten, wo er noch ein Halbstarker ist
➤ Angenehm: Wie der Fluss führt der Weg meist bergab
➤ Soooo viel Vielfalt an Städten und Landschaften erleben!

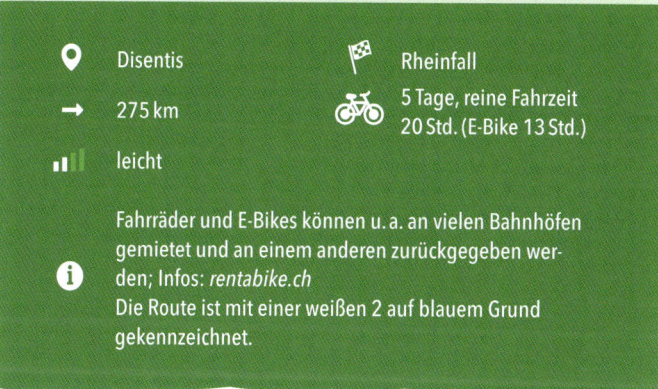

📍 Disentis

🏁 Rheinfall

➡ 275 km

🚴 5 Tage, reine Fahrzeit
20 Std. (E-Bike 13 Std.)

📊 leicht

ⓘ Fahrräder und E-Bikes können u. a. an vielen Bahnhöfen gemietet und an einem anderen zurückgegeben werden; Infos: *rentabike.ch*
Die Route ist mit einer weißen 2 auf blauem Grund gekennzeichnet.

PICKNICK IN DER WILDEN SCHLUCHT

Unterhalb von ❶ **Disentis** ➤ S. 95 vereinigen sich der im Tessin entspringende Medelser Rhein und der vom Tomasee am Oberalppass gespeiste Vorderrhein. Hier gehts los, am besten früh am Tag. *Auf dem Radweg gehts den Vorderrhein entlang,* durch die grüne Flur der Surselva ins Städtchen ❷ **Ilanz.** Zweites Frühstück gefällig? Dann steuer das **Café Splerin** *(Glennerstr. 4)* an – da gibt es auch Proviant für eine spätere Rast. Hinter Ilanz wird es rauer – im Fluss und auf dem Weg: Du durchquerst die ❸ **Ruinaulta** ➤ S. 95, die vielleicht beeindruckendste Schlucht der Schweiz. Bis auf 400 m steigen die Steilwände hier hoch! Und ganz unten: du. Das wilde Flussufer ist super für ein Picknick geeignet. Die Radwege sind allerdings schmal und abschüssig

TAG 1

❶ **Disentis**

30 km 2½ Std.

❷ **Ilanz**

16 km 1½ Std.

❸ **Ruinaulta**

14 km 1½ Std.

❹ Reichenau-Tamins

10 km 45 Min.

❺ Chur

und können rutschig sein – Vorsichtige nehmen ab Ilanz den Zug, der auch durch die Schlucht fährt. In ❹ **Reichenau-Tamins** fließen Vorder- und Hinterrhein zusammen. Einen Panoramablick hast du von der **Brücke**, die den Rhein (ab hier heißt er so!) überspannt. Das letzte Teilstück ist flach und asphaltiert und führt mitten rein in Graubündens Hauptstadt ❺ **Chur** ➤ S. 90.

TAG 2

QUER DURCHS HEIDI-LAND

Muskelkater? Keine Angst: Am Morgen geht es erst mal ganz entspannt *weiter Richtung Landquart* durch ein lang gestrecktes Tal mit fruchtbaren Wiesen und Feldern, umgeben von Weinbergen. Hach, wie romantisch – war es aber nicht immer. Denn die Bündner Herrschaft heißt so, weil hier im Mittelalter viele herrschten. Und kämpften. Überall auf den Bergen stehen Burgen. Bei Maienfeld kommt dir die Landschaft vielleicht bekannt vor, obwohl du noch nie hier warst. Genau: Sieht so nicht die Gegend aus, in der der Alm-Öhi lebt? Heidi-Erfinderin Johanna Spyri nahm sich Maienfeld als Vorbild.

48 km 3½ Std.

Hinter Sargans mit seiner Burg aus dem 13. Jh. *biegst du mit dem Rhein rechts ab.* Siehst du am Straßenrand die Betonbauten, die im Boden verschwinden? Das sind Bunker aus den 1930er-Jahren, die von den Schweizern „Zuckerstöcke" (Zuckerhüte) genannt werden. Du bleibst links des Rheins in der Schweiz, rechts befindet sich Liechtenstein ➤ S. 59. Einfach mal hoch schauen: Da steht es, das Fürstenschloss in Vaduz. Kurz darauf ist schon das Tagesziel erreicht: ❻ **Werdenberg**, die älteste Holzbausiedlung der Schweiz mit knapp 40 Häusern und dem **Landgasthof** *(landgasthofwerden berg.ch).*

❻ Werdenberg

AUF ZUM SEE!

TAG 3

28 km 2 Std.

❼ Altstätten

Kurz nach der Abfahrt am nächsten Morgen gehts am **Schlosswald** mit seinen Flachmooren vorbei. Eng am Berg folgst du dem romantischen Radpfad, bis du dich *hinter Oberriet ein Stück vom Rhein entfernst* und ❼ **Altstätten** mit seinen schönen Giebelhäusern aus dem 18. Jh. erreichst. Mittagspause! Das **Restaurant**

Frauenhof (So/Mo geschl. | Marktgasse 56 | Tel. 07 17 55 16 37 | restaurant-frauenhof.ch | €–€€) am Markt hat preiswerte Tagesmenüs im Angebot, bei schönem Wetter natürlich auch draußen. Hinter St. Margrethen (rechts des Rheins liegt Österreich) folgt der Radweg dem Kanal, durch den der Rhein seit 1900 geleitet wird. Und da ist er dann auch schon: der Bodensee ➤ S. 58! Der Fahrradweg führt dich quer durch das größte **8** **Süßwasserdelta** Europas. Auf dem letzten Stück der Tagesetappe folgst du dem Alten Rhein. Dein Ziel: **9** **Rorschach** mit dem imposanten **Kornhaus** (Mitte April–Mitte Okt. tgl. 13–17 Uhr | 11 Franken | museum-rorschach.ch) am Seehafen, das ein naturkundliches Erlebnismuseum beherbergt. **10** **Schloss Wartegg** (wartegg.ch) oberhalb von Rorschach ist ein hübsches Hotel mit Bioküche und tollem Seeblick.

22 km 1½ Std.

8 Süßwasserdelta

9 km 45 Min.

9 Rorschach

5 km 30 Min.

10 Schloss Wartegg

TAG 4

10 km 40 Min.

⓫ Arbon

40 km 3 Std.

⓬ Schloss Arenenberg

19 km 1½ Std.

⓭ Stein am Rhein

ZWEI BILDHÜBSCHE STÄDTCHEN

Auf flachen Radwegen gehts weiter den Bodensee entlang – erholsam! ⓫ Arbon ➤ S. 58 ist die vielleicht schönste Stadt am Schweizer Ufer. Überall Apfelbäume: „Mostindien" nennen die Schweizer diese Gegend deshalb. Stilecht löschst du den Durst mit (alkoholfreiem) Apfelmost. Aber Vorsicht: Der sprudelt, gern auch mal in der Nase! Beim Städtchen Ermatingen einen Blick Richtung See nicht vergessen: Da ist sie, die Klosterinsel Reichenau. Ein guter Ort für eine Rast ist das *am Ortsausgang ausgeschilderte* ⓬ Schloss Arenenberg in Salenstein mit dem Napoleon-Museum *(Di–So, Mitte April–Sept. tgl. 10–17 Uhr | 15 Franken | napoleonmuseum.tg.ch):* Hier verbrachte der spätere Kaiser Napoleon III. seine Jugend. *Die Route führt den Untersee entlang, der immer enger wird. Über eine Brücke gehts schließlich nach* ⓭ Stein am Rhein ➤ S. 56, einem

INSIDER-TIPP
Sprudelnde Äpfel

Der Schwan hat's gut: Er kann das hübsche Stein am Rhein auch vom Wasser aus genießen

mittelalterlichen Traum von Stadt mit bunt bemalten Fassaden. Besser kann man eine Etappe kaum beenden!

UND ZUM SCHLUSS DER RHEINFALL

Zum Schluss wird's wieder bergiger. Auf und ab geht es durchs Schaffhauser Blauburgunderland mit seinen Reben und durch kleine Ausläufer Baden-Württembergs. Die Schlussetappe ist extra kurz, damit du in ⓮ **Schaffhausen** ➤ **S. 56** Zeit hast, auf die **Festung Munot** zu klettern. Noch ein Stück Kuchen im **Güterhof**, dann ist es Zeit für den Endspurt: einfach *dem Radweg weiter folgen* bis zum ⓯ **Schloss Laufen**. Und dann staunen: Was für ein Panoramablick auf den 23 m tiefen ⓰ **Rheinfall** ➤ **S. 55**! Mit einem Boot setzt du zum Felsen mitten im Rheinfall über: spektakulärer Schlusspunkt deiner Rhein-Radtour.

TAG 5	
20 km 1¼ Std.	
⓮ Schaffhausen	
5 km 30 Min.	
⓯ Schloss Laufen	
1 km 5 Min.	
⓰ Rheinfall	

❸ PER DAMPFER DURCH DIE URSCHWEIZ

➤ Entspannen, wo vor 730 Jahren die Schweiz erfunden wurde
➤ Vom Gipfel aus See und Alpenpanorama genießen
➤ Zum Schluss noch ein Bad nehmen

📍 Bahnhof Luzern   🏁 Bahnhof Luzern
🔄 110 km, davon knapp 50 km per Schiff   ⛴ 1 Tag, reine Fahrzeit 4 Stunden

ℹ Fahrpläne: Schiff: *lakelucerne.ch*, Seilbahnen: *rigi.ch* Für den Workshop im Taschenmesser-Museum in ❼ Brunnen ist eine Anmeldung erforderlich: *Tel. 04 18 25 60 20 | swissknifevalley.ch*

Am frühen Morgen liegt der See am **Schiffsanleger** vor dem ❶ **Bahnhof Luzern** noch still. Du nimmst das erste *Linienschiff in Richtung Flüelen*. Ein Matrose zieht die Planke ein und mit lautem Tuten gehts los: voraus die Kulisse der Urschweiz, in der Hand ein heißer Kaffee aus dem Bordbistro. Linker Hand die Hotelpaläste an Luzerns Promenade, das Verkehrshaus – dann nimmt der Kapitän Kurs auf den offenen See.

❶ Bahnhof Luzern	
11 km 40 Min.	

② Weggis

3 km · 10 Min.

③ Rigi-Kaltbad

3 km · 12 Min.

④ Rigi-Kulm

7 km · 40 Min.

⑤ Vitznau

10 km · 15 Min.

⑥ Beckenried

11 km · 40 Min.

⑦ Brunnen

3 km · 10 Min.

Ankunft in ② **Weggis** an der Südflanke der Rigi ➤ S. 82. Von hier brachten früher Sänftenträger die reichen Gäste auf die „Königin der Berge", wie die Rigi auch genannt wird. Heute macht das eine **Panorama-Luftseilbahn.** *Zehn Minuten braucht sie bis* ③ **Rigi-Kaltbad** – viel zu kurz bei dem Ausblick! Das vom Architekten Mario Botta designte Wellnessbad lässt du diesmal (leider) links liegen – stattdessen *steigst du in die Zahnradbahn und weiter auf: In einer knappen Viertelstunde bist du in* ④ **Rigi-Kulm** – und damit ganz oben angelangt, auf 1798 m über dem Meer! Rechts, links, vorne, hinten – überall Panorama! Die schneebedeckte Alpenkette, Luzern, in der Ferne Schwarzwald und Vogesen: darauf ein Getränk auf der Terrasse des **Rigi Pick Snack & Shop** *(tgl. | rigi.ch | €).* Und dann schweren Herzens Abschied nehmen und zurück zum See fahren: *Die Zahnradbahn bringt dich vom Kulm hinunter nach* ⑤ **Vitznau**. 1871 fuhr die Dampfzahnradbahn auf dieser Strecke zum ersten Mal, einzigartig in Europa. Gut 100 Yachten liegen im Hafen an der fast 3 km langen **Seepromenade** von Vitznau. Auf zum Anleger – die Fahrt geht weiter!

IN DER BILDERBUCH-SCHWEIZ

Jetzt überquerst du den See: ⑥ **Beckenried** liegt im Kanton Nidwalden, einem der Urkantone der Schweiz. Du steigst aber nicht aus, sondern *bleibst an Bord und überquerst den See noch einmal, diesmal gen Osten:* ⑦ **Brunnen** im Kanton Schwyz liegt eingeklemmt zwischen Urmiberg und Stoos-Fronalpstock; gegenüber liegt die enge Einfahrt zum Urner See. Mittagszeit! Im **Restaurant Beaufort** *(Mo/Di und So-Abend geschl. | Gersauerstr. 91 | Tel. 04 18 20 05 05 | restaurant-beaufort.ch | €€)* gibts jeden Tag frischen Seefisch. Nicht weit von hier wurde 1884 das Schweizer Messer erfunden. Im **Taschenmesser-Museum** *(Mo–Fr 9–18.30, Sa 9–17, So 10–17 Uhr | Bahnhofstr. 3 | Tel. 04 18 25 60 20 | swissknifevalley.ch)* kannst du die Geschichte dieses Weltschlagers verfolgen – und/oder dir am besten gleich, nach Anmeldung, dein eigenes Messer zusammenbauen.

INSIDER-TIPP
Mit dem Messer in der Tasche

Zehn Minuten Schiffsfahrt und du landest am **8 Rütli**, dem Ort, wo am 1. August 1291 der Bund der Eidgenossen geschworen worden sein soll. Die drei Abgesandten aus Uri, Schwyz und Unterwalden (heute: Nid- und Obwalden) besiegelten der Sage nach den „ewigen Bund der Waldstätte": Die Schweiz war geboren. Hier ist immer was los, meist etwas typisch Schweizerisches: einfach den Alphörnern zuhören, Trachtenträger beim Schwingen der Schweizer Fahnen beobachten oder im Gras liegen und zum Himmel schauen …

8 Rütli

8 km 35 Min.

AUF WILHELM TELLS SPUREN

Das Finale der Schiffsfahrt ist dramatisch: Immer näher rücken die Alpenhänge im Urner Becken, immer steiler ragen die Felswände in die Höhe. *Du fährst an der Tellsplatte vorbei,* wo der Nationalheld mit einem Sprung an Land seine Freiheit zurückerlangt haben soll. Eine Kapelle erinnert an die Sage. Eine gute halbe Stunde braucht das Schiff bis nach **9 Flüelen**, wo das **Schloss Rudenz** seit dem 13. Jh. die Strecke über den Gotthard bewacht. Wenn du dich jetzt noch mal erfrischen möchtest: Das **Strandbad** ist eines der schönsten am See! *Von Flüelen gehts mit dem Zug zurück zum* **1 Bahnhof Luzern**.

9 Flüelen

55 km 1 Std. 5 Min.

1 Bahnhof Luzern

GUT ZU WISSEN

DIE BASICS FÜR DEINEN URLAUB

ANKOMMEN

AUSKUNFT VOR DER REISE

Schweiz-Tourismus: Tel. 00800 10 02 00 29 | myswitzerland.com

ANREISE

Zürich und Genf sind die großen internationalen Drehkreuze der Schweiz. Billigfluglinien steuern außerdem Basel und Bern an. Wer von der Westschweiz ins Tessin will, kann mit dem Flug ab Genf nach Lugano Zeit sparen. ICEs fahren direkt nach Basel, Zürich und ins Berner Oberland (Endstation Interlaken). In Basel muss man aufpassen, denn es gibt zwei Bahnhöfe: Ab Basel Badischer Bahnhof gehen die Züge nach Schaffhausen ab, für den Rest der Schweiz erst im Bahnhof Basel SBB umsteigen! Aus Österreich fahren u.a. Railjets über Buchs und Sargans nach Zürich.

Die Hauptrouten mit dem Auto führen durch das Rheintal nach Basel, über Stuttgart und am Bodensee vorbei nach Zürich oder von München und Innsbruck über Bregenz am Bodensee nach St. Gallen. Von Österreich geht es auch über Feldkirch und Liechtenstein oder über Landeck nach Graubünden. Alle Strecken sind vor allem in der Hauptsaison extrem ausgelastet, vor allem an den Grenzübergängen staut es sich dann.

Praktisch jede größere Schweizer Stadt ist auch mit dem Fernbus zu erreichen. Allein Flixbus *(flixbus.de)* etwa fährt mehr als 40 Orte in der Schweiz an.

EINREISE

Die Schweiz ist zwar kein EU-Mitglied, aber Teil des Schengen-Raums. Ein Personalausweis genügt zur Einreise, Kinder brauchen einen Kinderausweis (ab zehn Jahren mit Passfoto).

Seeschifffahrt, Seil- und Zahnradbahnen: Der Schweizer ÖPNV kann mehr als nur Bus und Bahn

KLIMA

Das Wetter in der Schweiz ist sehr kleinräumig: Gerade in den Bergen kann sich die Lage in kürzester Zeit abrupt ändern! Generell gilt: Nördlich der Alpen beeinflussen vor allem Luftströmungen vom Atlantik das Wetter, die feuchtmilde Meeresluft kühlt im Sommer und wärmt im Winter. Die Temperaturen sind vor allem von der Höhenlage abhängig: Ab 1200 m fällt der Niederschlag im Winter in der Regel als Schnee und auch im Sommer ist es dort deutlich kühler, sobald die Sonne untergeht. Im südlich des Alpenhauptkamms gelegenen Tessin hingegen wird das Klima vom Mittelmeer beeinflusst, die Winter sind entsprechend milder.

Wenn warme Luft über die Alpen nach Norden zieht, gibt es den Föhn, einen starken, selbst in der kalten Jahreszeit warmen Fallwind. In den Alpentälern, etwa im Wallis und im Engadin, fällt generell wenig Niederschlag, weil sie von den Gipfeln auf beiden Seiten meist von Wolken abgeschirmt sind.

HAUSTIERE

Du willst deinem Hund oder deiner Katze die Berge zeigen? Kein Problem, solange du den gültigen EU-Heimtierausweis dabeihast. Darin muss auf jeden Fall eine Tollwutimpfung verzeichnet sein, die mindestens 30 Tage und längstens ein Jahr vor der Reise

Adapter Typ J

Steckdosen in der Schweiz folgen den Standards Typ C und Typ J. Mit den in Deutschland gängigen Steckern ist nur der Typ C kompatibel, deshalb empfiehlt sich die Mitnahme eines Adapters. Die Netzspannung beträgt 230 Volt.

erfolgt ist. Außerdem muss dein Haustier mit einem Mikrochip oder einer lesbaren Tätowierung gekennzeichnet sein. Eine praktische Onlinehilfe gibt es hier: *short.travel/swz7*

ZOLL

Pro Person darf man Waren im Gesamtwert von 300 Franken in die Schweiz einführen. Dabei dürfen einige Obergrenzen nicht überschritten werden, z. B. 5 l alkoholische Getränke bis 18 Volumenprozent, 1 l darüber, 250 Zigaretten bzw. 250 g Tabak und 1 kg Fleisch.

Bei der Rückkehr in die EU darfst du Geschenke bis zu einem Warenwert von 300 Euro (bei Flugreisen 430 Euro) einführen, außerdem 4 l Wein, 1 l Spirituosen und 16 l Bier. *zoll.de*, *ezv. admin.ch*

WEITER-KOMMEN

AUTO

In der Schweiz geht es langsamer voran: Auf Landstraßen darf man höchstens 80, auf Autobahnen nicht mehr als 120 km/h fahren – innerorts gilt Tempo 50, an vielen Stellen auch Tempo 30. Fahr auf keinen Fall zu schnell! Es wird viel geblitzt, die Strafen sind hoch und schnell wird der Führerschein eingezogen. Die Promillegrenze liegt bei 0,5; liegst du drüber, droht auch hier Führerscheinentzug.

Unbedingt brauchst du eine Vignette, ohne die man nicht auf der Autobahn fahren darf: Für 40 Franken für ein Kalenderjahr bekommst du diese an Grenzübergängen, Tankstellen und bei jedem Postamt und auch vorab übers Internet. Nimm außerdem unbedingt eine Parkscheibe mit: In blau markierten Parkbuchten darf man nur mit diesen parken, und zwar maximal eine Stunde.

Im Winter ist es ratsam, sich über die Wetterlage, den Straßenzustand und (Berg-)Straßensperrungen zu informieren, z. B. auf *meteoschweiz.admin. ch*. Im Kofferraum sollte dann auch immer ein Satz Schneeketten liegen. Bernina, Brünig, Forclaz, Jaun und Pillon sind die ganzjährig geöffneten Alpenpässe. Alle anderen sind nur saisonal geöffnet, meist von Mai bis Oktober. Vorfahrt am Pass hat immer das bergauf fahrende Fahrzeug! Alpentunnel mit „Autoverlad" (so heißt der Umstieg auf Autozüge in der Schweiz) befinden sich an Albula, Furka, Lötschberg, Simplon und zwischen Klosters und dem Unterengadin.

CARSHARING

An den meisten Schweizer Bahnhöfen und verteilt in größeren Städten stehen Mobility-Fahrzeuge *(mobility.ch)*, einfach zu erkennen an ihrer roten Farbe. Der Preis berechnet sich nach Zeit und Kilometern. Auch Urlauber können die Autos nutzen: Deutsche, die eine Flinkster-Karte *(flinkster.de)* besitzen, können über das Flinkster-Portal Mobility-Autos buchen.

BAHN

Die Schweiz hat eines der besten Schienennetze der Welt. Kein Wunder,

FESTE & EVENTS
RUND UMS JAHR

JANUAR

Urnäscher Sylvesterchlausen: Neujahr feiert man in Appenzell erst am 13. Jan.

Internationales Ballonfestival (Château d'Oex), *festivaldeballons.ch*

FEBRUAR/MÄRZ

Tschäggätä: Karneval im Lötschental, *loetschental.ch*

Morgestraich: Start der Basler Fasnacht (Foto), *baslerfasnacht.info*

APRIL

Sechseläuten (Zürich), *sechselaeuten.ch* – s. S. 20

MAI

Solothurner Literaturtage, *literatur.ch*

Fantasy Basel, *fantasybasel.ch,* mit vielen kostümierten Cosplayern

JUNI

Art Basel, *artbasel.com*

Fête de l'Absinthe (Val de Travers), *absintheenfete.ch*

JULI

Montreux Jazzfestival, *montreuxjazz.com*

Paléo (Nyon), *yeah.paleo.ch:* Open-Air-Pop- und Rockfestival

AUGUST

Streetparade (Zürich), *streetparade.ch:* Technoparty

Filmfestival Locarno, *pardolive.ch*

SEPTEMBER

Lucerne Festival, *lucernefestival.ch:* top besetztes Klassikfestival

OKTOBER

Älplerfest (Lenk im Simmental), *lenk-simmental.ch*

NOVEMBER

Zibelemärit (Bern): Zwiebelmarkt

DEZEMBER

Fête de l'Escalade (Genf), *1602.ch:* 11. Dez. 1602: Eine Marktfrau vertreibt Savoyens Soldaten – das wird gefeiert.

dass jeder Schweizer im Jahr durchschnittlich 2144 km mit dem Zug zurücklegt. Der öffentliche Nahverkehr erreicht praktisch jedes Dorf; wo die Bahn nicht hinkommt, fährt der Postbus.

Wer nur ab und zu mit Bus und Bahn unterwegs ist, zahlt mit der 🐾 *Half Fare Card* für 118 Franken pro Monat im Zug und Postbus nur die Hälfte und bekommt Sonderpreise im Nahverkehr, auf vielen Fähren, Berg- und Seilbahnen. Kinder zahlen im Zug stets die Hälfte des Erwachsenentarifs. Mit der kostenlosen 🐾 *Swiss Family Card* fahren Kinder in Begleitung ihrer Eltern oder Großeltern gratis – auch im städtischen Nahverkehr.

Wenn du viel unterwegs bist, lohnt sich der *Swiss Travel Pass:* Drei aufeinanderfolgende Tage freie Fahrt in der 2. Klasse kosten 228 Franken, vier Tage 276, sechs Tage 352, acht Tage 382 und 15 Tage 421 Franken. Verspätungen sind in der Schweiz übrigens selten, man muss – anders als in Deutschland – keine Pufferzeiten einplanen.

GRÜN & FAIR REISEN

Du willst beim Reisen deine CO_2-Bilanz im Hinterkopf behalten? Dann kannst du deine Emissionen kompensieren *(atmosfair.de; my climate.org)*, deine Route umweltgerecht planen *(routerank.com)* oder auf Natur und Kultur *(gate-tourismus.de)* achten. Mehr über ökologischen Tourismus erfährst du hier: *oete.de* (europaweit); *germanwatch.org* (weltweit).

ÖFFENTLICHER NAHVERKEHR

Egal ob in der Stadt oder auf dem Dorf: Der ÖPNV in der Schweiz ist praktisch überall vorbildlich und fährt im Takt. Außer Bus und Tram (so heißt hier die Straßenbahn) kannst du oft auch Schiffe oder Seilbahnen mit dem normalen Fahrschein benutzen. Nicht vergessen, den Ermäßigungstarif zu wählen, wenn du eine entsprechende Bahnkarte hast. Und auf der Website der SBB *(sbb.ch)* findest du alle Fahrpläne der Schweiz, bis hin zur letzten Milchkanne auf der Alm.

IM URLAUB

CAMPING

Wild zu campen ist in der Schweiz verboten. Dafür liegen die meisten der gut 600 Campingplätze wunderschön und sind top ausgestattet. Eine Übersicht gibts auf *camping.ch* und *swiss camps.ch*.

EINTRITTSPREISE

Einzeleintritte in der Schweiz sind oft teuer: Viele Museen und vergleichbare Einrichtungen etwa verlangen zwischen 10 und 30 Franken für den Besuch. Manche Museen bieten vergünstigte Familienkarten an. In vielen Regionen gibt es Gästekarten, die freie Fahrt mit dem öffentlichen Nahverkehr und Rabatte oder freien Eintritt in viele Sehenswürdigkeiten beinhalten. Oft lohnen sich diese Karten – erkundige dich in den örtlichen Touristeninformationen. In manchen Regionen, etwa in und um Montreux oder im Ju-

WAS KOSTET WIE VIEL?

Kaffee	um 4,50 Euro *für einen Milchkaffee*
Schokolade	ab 0,50 Euro *für eine 100-g-Tafel*
Benzin	um 2,30 Euro *für 1 l Super*
Bus	2,80 Euro *für eine einfache Stadtfahrt*
Bier	um 4 Euro *für 0,3 l vom Fass*
Souvenir	ab 8,50 Euro *fürs kleinste Schweizer Messer*

ra, bekommst du die Karte umsonst, wenn du vor Ort übernachtest.

FEIERTAGE

Es gibt nur wenige Feiertage, die in der ganzen Schweiz gesetzliche Feiertage sind:

1. Jan.	Neujahr
Auffahrt	Christi Himmelfahrt
1. Aug.	Nationalfeiertag
25. Dez.	Weihnachten

Dazu kommen auf kantonaler oder Gemeindeebene zahlreiche weitere Feiertage, z. B. in fast allen Kantonen Karfreitag, Ostermontag, Pfingstmontag und der Zweite Weihnachtsfeiertag.

GELD & KREDITKARTEN

Schweizer Währung ist der Schweizer Franken (Franc Suisse bzw. Franco Svizzero), unterteilt in 100 Rappen (Centimes bzw. Centesimi). Münzen gibt es zu 1, 2 und 5 Franken sowie zu 5, 10, 20 und 50 Rappen, Scheine zu 10, 20, 50, 100, 200, 500 und 1000 Franken. Vereinzelt sind noch alte Franken-Scheine im Umlauf, beide sind gültig. Der Euro wird nur in grenznahen Regionen akzeptiert und dann zu schlechten Wechselkursen. Dafür können selbst kleine Summen mit der EC-Karte (Maestro) bzw. mit der Kreditkarte bezahlt werden.

JUGENDHERBERGEN

Die Schweizer Jugendherbergen haben einen hohen Standard und gleichen oft Hotels, auch von der Lage her. Preislich sind sie dagegen konkurrenzlos günstig. Deswegen übernachten dort auch ältere Gäste gern. Bring deinen Jugendherbergsausweis mit, dann ist die Übernachtung in den 52 offiziellen Herbergen günstiger (Liste unter *youthhostels.ch*). Außerdem gibt es vor allem in den Großstädten viele freie Hostels (z. B. *swisshostels.ch*).

INSIDER-TIPP
Forever young

ÖFFNUNGSZEITEN

In der Schweiz gibt es sie noch, die Mittagspause: Üblicherweise sind Geschäfte von 8 bis 12 Uhr sowie von 14 bis 18.30 Uhr geöffnet – zumindest auf dem Land. In den Großstädten und in Einkaufszentren ist hingegen oft durchgehend offen, dann auch bis 19 Uhr, Samstage inklusive. In Ferienorten sind viele Geschäfte (nicht alle!) auch am Sonntag offen. Dafür schließen gerade in den Wintersportorten Läden und Hotels in den Zwischensaisons auch für mehrere Wochen oder gar Monate.

TELEFON & HANDY

Die Vorwahl vom Ausland in die Schweiz ist die 0041, nach Deutschland telefonierst du mit der 0049, nach Österreich mit der 0043. Innerhalb der Schweiz gibt es keine Vorwahlen, du musst also stets die vollständige Nummer wählen, inklusive der Null am Anfang. Die Schweiz ist nicht Mitglied der EU – für Roaminggebühren gelten deshalb, anders als in den EU-Mitgliedsstaaten, keine Obergrenzen. Erkundige dich vor Abreise bei deinem Mobilfunkanbieter nach den zum Teil happigen Gebühren. Das Schweizer Mobilnetz ist gut ausgebaut, in den Städten auch schon im Mobilfunkstandard 5G. Vor allem in den Bergen, aber auch auf dem Land gibt es hingegen Funklöcher. Deshalb bei Wanderungen oder auf Skitouren nicht aufs Handy verlassen – das in der Schweiz übrigens oft „Natel" genannt wird.

TRINKGELD

Wenn du dich gut bedient fühlst, leg ruhig was drauf: je nach Rechnungssumme ab 1 Franken aufwärts.

WLAN & INTERNETZUGANG

WLAN ist in der Schweiz weit verbreitet und in den Städten oft kostenfrei. Die Schweizerischen Bundesbahnen haben an größeren Bahnhöfen Hotspots eingerichtet. Die meisten Hotspots unterhält die Swisscom *(swisscom.ch)* – mehr als 1700 im ganzen Land.

ZEITUNGEN & MAGAZINE

Die bedeutendsten Zeitungen in der Schweiz sind die konservative Neue Zürcher Zeitung (NZZ) und der ebenfalls in Zürich erscheinende Tages-Anzeiger (linksliberal). Die alternative Schweizer Wochenzeitung (WOZ) greift kritische Themen auf, die man anderswo kaum findet.

Ein Reisemagazin mit Ausflugsideen jenseits ausgetretener Pfade ist Transhelvetica *(transhelvetica.ch);* es erscheint sechsmal jährlich. Wanderfreunde finden im Wandermagazin Schweiz *(wandermagazin.ch)* und Wandern.ch *(wandern.ch)* viele Touren für Sommer und Winter.

NOTFÄLLE

DIPLOMATISCHE VERTRETUNGEN

– *Deutsche Botschaft (Willadingweg 83 | 3006 Bern | Tel. 03 13 59 41 11, für dringende Notfälle 07 93 57 93 73 | bern.diplo.de)*
– *Österreichische Botschaft (Kirchenfeldstr. 77/79 | 3005 Bern | Tel. 03 13 56 52 52, für dringende Notfälle 07 95 98 33 53 | bmeia.gv.at/oeb-bern)*

GESUNDHEIT

Wenn du im Urlaub zum Arzt musst, zahlt die deutsche Krankenkasse, wenn du deine deutsche Gesundheitskarte dabeihast. Achtung: Den Zahnarzt zahlt die Krankenkasse nicht – denn die Schweizer müssen sich für ihre Zähne extra versichern. Wenn du Zahnprobleme hast, lohnt sich deshalb eine Auslandsreisekrankenversicherung, die deckt dann auch einen eventuellen Krankenrücktransport in die Heimat ab.

NATURGEFAHREN

In den Bergen bitte auch im Sommer nur mit festem Schuhwerk, Trinkwasser und Regenjacke loswandern, im Winter abseits der Pisten nie ohne Lawinensuchgerät losziehen. Und sag vorher jemandem Bescheid, wohin du gehst und wann du ungefähr zurückkommst: Nur dann kommt dich auch jemand suchen. Unbedingt Wetterwarnungen beachten: *meteoschweiz. admin.ch*

NOTRUFE

– Allgemeiner Notruf: *Tel. 1 12*
– Ambulanz: *Tel. 1 44*
– Rettungshubschrauber: *Tel. 14 14*

Wenn du in den Bergen wanderst oder Skitouren unternimmst, lohnt sich die Fördermitgliedschaft bei der Rettungsflugwacht REGA *(rega.ch)*. Die 40 Franken Jahresbeitrag beinhalten im Regelfall den Flug mit dem Rettungshubschrauber.

WICHTIGE HINWEISE

TRINKWASSER

Das Wasser aus fast allen der unzähligen Schweizer Brunnen, auch in den Städten, kannst du bedenkenlos trinken. Wo das nicht erlaubt ist, steht ein Warnhinweis. Also beim Stadtbummel immer eine leere Flasche dabeihaben!

WETTER IN ZÜRICH

	JAN.	FEB.	MÄRZ	APRIL	MAI	JUNI	JULI	AUG.	SEPT.	OKT.	NOV.	DEZ.
Tagestemperaturen	2°	5°	10°	15°	19°	23°	25°	24°	20°	14°	7°	3°
Nachttemperaturen	-3°	-2°	1°	4°	8°	12°	14°	13°	11°	6°	2°	-1°
☀	2	3	5	6	7	7	7	7	6	3	2	2
☂	11	10	9	11	12	13	13	13	10	10	10	10
≈	4	4	4	8	13	17	21	21	19	14	10	7

☀ Sonnenschein Stunden/Tag ☂ Niederschlag Tage/Monat ≈ Wassertemperatur in °C

SPICKZETTEL
ITALIENISCH

Ein Akzent steht im Italienischen nur, wenn die letzte Silbe betont wird. Ansonsten haben wir die Betonung durch einen Punkt unter dem betonten Vokal angegeben.

ja/nein/vielleicht	sì/no/forse
bitte/danke	per favore/grazie
Entschuldige!/Entschuldigen Sie!	Scusa!/Scusi!
Wie bitte?	Come dice?/Prego?
Gute(n) Morgen!/Tag!/Abend!/Nacht!	Buon giorno!/Buon giorno!/Buona sera!/Buona notte!
Hallo!/Tschüss!/Auf Wiedersehen!	Ciao!/Ciao!/Arrivederci!
Ich heiße …	Mi chiamo …
Wie heißen Sie?/Wie heißt du?	Come si chiama?/Come ti chiami?
Ich möchte …/Haben Sie …?	Vorrei …/Avete …?
Das gefällt mir (nicht).	(Non) mi piace.
gut/schlecht	buono/cattivo

ESSEN & TRINKEN

Die Speisekarte, bitte.	Il menù, per favore.
Flasche/Karaffe/Glas	bottiglia/caraffa/bicchiere
Messer/Gabel/Löffel	coltello/forchetta/cucchiaio
Salz/Pfeffer/Zucker	sale/pepe/zucchero
Essig/Öl/Milch/Sahne/Zitrone	aceto/olio/latte/panna/limone
mit/ohne Eis/Kohlensäure	con/senza ghiaccio/gas
kalt/versalzen/nicht gar	freddo/troppo salato/non cotto
Vegetarier(in)/Allergie	vegetariano/vegetariana/allergia
Ich möchte zahlen, bitte.	Vorrei pagare, per favore.
Rechnung/Quittung/Trinkgeld	conto/ricevuta/mancia
bar/Kreditkarte	in contanti/carta di credito

NÜTZLICHES

Wo finde ich …?	Dove posso trovare …?
links/rechts/geradeaus	sinistra/destra/dritto
Wie viel Uhr ist es?	Che ora è? Che ore sono?
Es ist drei Uhr./Es ist halb vier.	Sono le tre./Sono le tre e mezza.
heute/morgen/gestern	oggi/domani/ieri
Wie viel kostet …?	Quanto costa …?
zu viel/viel/wenig/alles/nichts	troppo/molto/poco/tutto/niente
teuer/billig/Preis	caro/economico/prezzo
Wo finde ich einen Internetzugang/WLAN?	Dove trovo un accesso internet/wi-fi?
offen/geschlossen	aperto/chiuso
kaputt/funktioniert nicht	guasto/non funziona
Panne/Werkstatt	guasto/officina
Fahrplan/Fahrschein	orario/biglietto
Zug/Gleis/Bahnsteig	treno/binario/banchina
Hilfe!/Achtung!/Vorsicht!	Aiuto!/Attenzione!/Prudenza!
Verbot/verboten/Gefahr/gefährlich	divieto/vietato/pericolo/pericoloso
Apotheke	farmacia
Fieber/Schmerzen	febbre/dolori
0/1/2/3/4/5/6/7/8/9/10/100/1000	zero/uno/due/tre/quattro/cinque /sei/sette/otto/nove/dieci/cento/mille

SPICKZETTEL
FRANZÖSISCH

SMALLTALK

ja/nein/vielleicht	oui/non/peut-être	ui/nong/pöhtätr
bitte	s'il vous plaît	ßil wu plä
danke	merci	märßih
Gute(n) Morgen!/Tag!/Abend!/Nacht!	Bonjour!/Bonjour!/Bonsoir!/Bonne nuit!	bongschuhr/bongschuhr/bongßoar/bonn nüi
Hallo!/Tschüss!/Auf Wiedersehen!	Salut!/Salut!/Au revoir!	ßalü/ßalü/o rövoar
Ich heiße …	Je m'appelle …	schö mapäll …
Ich komme aus …	Je suis de …	schö süi dö …
Entschuldigung!	Pardon!	pardong
Wie bitte?	Comment?	kommang
Das gefällt mir (nicht).	Ça (ne) me plaît (pas).	ßa (nö) mö plä (pa)
Ich möchte …	Je voudrais …	schö wudrä
Haben Sie?	Avez-vous?	aweh wu

ZEIGEBILDER

ESSEN & TRINKEN

Deutsch	Français	Aussprache
Die Speisekarte, bitte.	La carte, s'il vous plaît.	la kart ßil wu plä
Könnte ich bitte … haben?	Puis-je avoir … s'il vous plaît?	püischö awoar … ßil wu plä
Flasche/Karaffe/Glas	bouteille/carafe/verre	buteij/karaf/wär
Messer/Gabel/Löffel	couteau/fourchette/cuillère	kutoh/furschät/küijär
Salz/Pfeffer/Zucker	sel/poivre/sucre	ßäl/poawr/ßükr
Essig/Öl	vinaigre/huile	winägr/üil
Milch/Sahne/Zitrone	lait/crème/citron	lä/kräm/ßitrong
mit/ohne Eis/Kohlensäure	avec/sans glaçons/gaz	awäk/ßang glaßong/gaß
Vegetarier(in)	végétarien(ne)	weschetarijäng/weschetarijänn
Ich möchte zahlen, bitte.	Je voudrais payer, s'il vous plaît.	schö wudrä pejeh ßil wu plä

NÜTZLICHES

Deutsch	Français	Aussprache
Wo ist …?/Wo sind …?	Où est …?/Où sont …?	u ä …/u ßong …
Wie viel Uhr ist es?	Quelle heure est-il?	käl ör ät il
heute/morgen/gestern	aujourd'hui/demain/hier	oschurdüi/dömäng/jähr
Wie viel kostet …?	Combien coûte …?	kombjäng kuht …
Wo finde ich einen Internetzugang/WLAN?	Où puis-je trouver un accès à internet/wi-fi?	u püische truweh äng akßä a internet/wifi
Hilfe!/Achtung!	Au secours!/Attention!	o ßökuhr/attangßjong
Fieber/Schmerzen	fièvre/douleurs	fiäwrö/dulör
Apotheke/Drogerie	pharmacie/droguerie	farmaßi/drogöri
offen/geschlossen	ouvert/fermé	uwär/färmeh
gut/schlecht	bon/mauvais	bong/mowä
links/rechts/geradeaus	à gauche/à droite/tout droit	a gohsch/a droat/tu droa
Panne/Werkstatt	panne/garage	pann/garahsch
Fahrplan/Fahrschein	horaire/billet	orär/bije
0/1/2/3/4/5/6/7/8/9/10/100/1000	zéro/un, une/deux/trois/quatre/cinq/six/sept/huit/neuf/dix/cent/mille	sero/äng, ühn/döh/troa/katr/ßänk/ßiß/ßät/üit/nöf/diß/ßang/mil

LESESTOFF & FILMFUTTER

📖 MEIN NACHBAR URS

Autor Alex Capus hat fünf Nachbarn, die Urs heißen – eigentlich sechs, aber der sechste will nicht, dass man über ihn schreibt. Besser (und lustiger) als mit den Ursens lässt sich die Schweiz nicht erklären. (2014)

📖 DIE SCHWARZEN BRÜDER

Den Klassiker von Lisa Tetzner aus dem Jahr 1940 über die Tessiner Bauernkinder, die sich als Kaminfeger-Gehilfen in Mailand durchschlagen mussten, hat Hannes Binder in eine moderne Graphic Novel übersetzt. (2015)

🎥 HEIDI

Neu verfilmt – und wie (u. a. mit Bruno Ganz als Alm-Öhi). Die Schweizer Geschichte schlechthin, erzählt auf neue, anrührende Weise. (2015)

🎥 BIS WIR TOT SIND ODER FREI

Junger Schweizer Film, der den gesellschaftlichen Umbruch in den 1980er-Jahren beleuchtet (2020).

📖 LENZ

Einer der spannenden Fälle des Zürcher Kommissars Eschenbach, in denen Michael Theurillat viel über die Schweiz verrät. (2018)

PLAYLIST QUERBEET

0:58

II SOPHIE HUNGER – WALZER FÜR NIEMAND
Mit ihrem Akustikfolk wurde die vielseitige Bernerin europaweit hip.

▶ **DJ BOBO** – EVERYBODY
In der Schweiz ist René Peter Baumann aus dem Aargau mit seiner 90er-Jahre-Eurodance-Dröhnung bis heute King of Dance.

▶ **BEATRICE EGLI** – TERRA AUSTRALIA
Seit ihrem Sieg bei DSDS Liebling der Schlagerszene in der Schweiz.

▶ **YELLO** – THE RACE
Ikonische Band der 80er, deren Stücke bis heute modern klingen.

▶ **STEPHAN EICHER** – DRIISSG JAHR
Ex-Grauzone-Sänger (Eisbär) goes Mundart-Chansonnier.

Den Soundtrack zum Urlaub gibt's auf **Spotify** unter **MARCO POLO Switzerland**

Oder Code mit Spotify-App scannen

AB INS NETZ

METEOSCHWEIZ
Super Wetter-App vom Schweizer Wetterdienst mit exakter 24-Stunden-Vorhersage, Wochenvorschau und animierten Strömungsbildern.

PEAKFINDER
Wie heißt denn wohl der Berg da drüben? Einfach App öffnen, in Richtung Gipfel halten – und du weißt Bescheid.

SQWISS!
Eine Art Pokémon Go mit Murmeltieren: Rund um kulturhistorisch spannende Orte sind virtuelle Murmeltiere versteckt. Besucher locken sie dort aus dem Bau, stellen Fragen.

SCHWEIZMOBIL
Wandern, Fahrradtour, Mountainbiking, Skating, Kanufahrt: In der App „für Langsamverkehr" gibts Touren, Tipps und detaillierte Karten – gratis.

WIDMER WANDERT WEITER
Beinahe täglich postet Wanderkolumnist Thomas Widmer auf seinem Blog eine neue Ausflugsroute oder Ziele und kleine Wunder in der Schweiz (widmerwandertweiter.blogspot.ch).

TRAVEL PURSUIT

DAS MARCO POLO URLAUBSQUIZ

Weißt du, wie die Schweiz tickt? Teste hier dein Wissen über die kleinen Geheimnisse und Eigenheiten von Land und Leuten. Die Lösungen findest du in der Fußzeile. Und ganz ausführlich auf den S. 18–23.

❶ Wenn in Zürich der Kopf des Böögg frühzeitig explodiert, dann folgt …
a) ein schöner Sommer
b) ein verregneter Sommer
c) ein schneereicher Winter

❷ Den Tourismus in die Schweizer Berge brachte vor über 100 Jahren ein …
a) Deutscher
b) Brite
c) Russe

❸ Welcher der folgenden ist kein typisch Schweizer Vorname?
a) Beat
b) Anke
c) Regula

❹ „Dunkle Tannen, grüne Wiesen im Sonnenschein, brauchst du zum Glücklichsein" – das Titellied des Heidi-Mangas trällerten …
a) Gitti und Erika
b) Annegret und Angela
c) Cindy und Bert

❺ Im Idiotikon halten Forscher Folgendes fest
a) Kalauer über die angeblich tumben Appenzeller
b) Kochrezepte aus der Romandie
c) Schweizer Dialektworte

❻ Urchig ist, wenn …
a) der Alpensalamander laicht
b) das Alphorn tönt
c) DJ Bobo im Stadion auftritt

Museum für
Kommunikation
...

Museum für
Beziehungen

2019
Council
of Europe
Museum
Prize

Museum für Kommunikation, Helvetiastrasse 16, 3000 Bern 6
Dienstag – Sonntag, 10 – 17 Uhr, www.mfk.ch

Eine Stiftung von: *DIE POST* 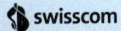 swisscom

REGISTER

Aareschlucht 75
Aletschgletscher 126
Altfeld 84
Altstätten 148
Anzère 145
Appenzell 28, **59**, 157
Arbon **58**, 150
Arenenberg 150
Arosa 92
Ascona 109
Augusta Raurica 48
Ballenberg 75
Basel 28, **42**, 154, 157
Bellinzona 106
Bern **64**, 85, 154, 157
Berner Oberland 34, 35, **71**
Bernina-Express 101
Bettmeralp 33
Bex 122
Biberstein 34
Bodensee **58**, 149
Botyre-Ayent 146
Brienzer See 73
Broc 139
Brunnen **82**, 152
Caumasee 94
Champlönch 99
Chaplin's World 120
Château de Chillon 121
Château d'Oex 157
Chexbres 120
Chur 34, **90**, 148
Corsier-sur-Vevey 19
Creux du Van 141
Davos 35, **92**, 99, 101
Disentis **95**, 147
Dufourspitze 16, 114
Eiger-Nordwand 74
Einsiedeln 83
Emmental 70
Engadin 96
Engelberg 81
Entlebuch 82
Erstfeld 83
Étang de la Gruère 143
Fiesch 126
Findeln 125
Flims 94
Flüelen 153
Freiburg 139
Fribourg 139
Furkastrasse 127
Genf 15, 27, 28, 128, **132**, 154, 157

Glacier 3000 122
Glacier-Express 101
Gletsch 127
Gondo 127
Gorges de l'Areuse 140
Gornergletscher 124
Gornergrat 124
Gotthard 84
Greyerz 138
Gruyères 138
Gstaad 34, **72**
Gurten 70
Hallwyl 57
Hauterive 142
Hemishofen 57
Ilanz 147
Interlaken 35, **73**, 154
Jenins 93
Jungfrau 34
Jungfraujoch 74
Jura 129, **140**
Kandersteg 34, **72**
Klosters 92
Küssnacht 82
La Chaux-de-Fonds 15, **143**
Lac de Brenets 143
Lac de Joux 140
Lac de Taney 121
Lausanne 129, **137**
Lavaux 120
Le Rocheray 140
Le Sentier 140
Lenk 157
Lenzerheide 92
Les Brenets 142
Les Diablerets 122
Les Pléiades 120
Leukerbad 126
Liechtenstein 56, **59**, 148
Locarno 14, **107**, 157
Lötschental 157
Lugano **110**, 154
Luzern **76**, 151, 153, 157
Maienfeld **93**, 148
Martigny 123
Matterhorn 16, 115, 123
Meiringen 75, **76**
Montagnola 112
Monte Carasso 107
Monte Verità 110
Montreux **118**, 157
Morcote 113
Môtiers 141
Münstertal 99

Murten 139
Müstair 99
Mustér **95**, 147
Nationalpark 99
Naturpark Beverin 96
Neuchâtel 27, **142**
Neuenburg 27, **142**
Noiraigue 140
Nyon 157
Pilatus 15, 81
Reichenau-Tamins 148
Reichenbachfall 76
Rheinfall **55**, 151
Rigi **82**, 152
Rivaz 120
Rochers de Naye 121
Rorschach 149
Ruinaulta 34, **95**, 147
Rütli 153
Saas-Fee 34, **127**
Sachseln 81
Saint-Ursanne 143
Sankt Gotthard 84
Santa Maria 99
Säntis 59
Sardona 94
Saut du Doubs 142
Schaffhausen **56**, 151
Schilthorn 73
Schloss Hallwyl 57
Schrattenfluh 82
Schüpfheim 82
Scuol 34, **100**
Sent 101
Sierre 34
Sils-Maria 33, **97**
Silser See 98
Simplon 127
Sion **125**, 145
Sitten **125**, 145
Solothurn **48**, 157
Sonnenberg 79
Sörenberg 82
St. Gallen 28, 34, **57**
St. Moritz 35, **96**, 101
Staad 59
Stein (Appenzell) 59
Stein am Rhein **56**, 150
Sufers 96
Tarasp 100
Tektonikarena Sardona 94
Thun 71
Thuner See 34, 71, 73
Titlis 81